안 미쳐서 미친다

KB192339

안 미쳐서 미친다

지은이 고상섭 김영한 김형민 반세호 지현호
펴낸이 임상진
펴낸곳 (주)넥서스

초판 1쇄 발행 2020년 1월 28일
초판 2쇄 발행 2020년 1월 31일

출판신고 1992년 4월 3일 제311-2002-2호
10880 경기도 파주시 지목로 5
Tel (02)330-5500 Fax (02)330-5555

ISBN 979-11-6165-844-5   03230

www.nexusbook.com

교회를 깨우는
양육 실전 노하우

안
미쳐서
미친다

고상섭·김영한·김형민·반세호·지현호 지음

넥서스CROSS

범상치 않은 타이틀을 가진 본서는 2019년 10월에 출간된《미쳐야 미친다》의 후속작이다. 전작이 '제자훈련'의 당위성과 철학을 정리한 책이라면 이 책은 '양육'에 특화된 실용서의 성격이 강하다.

본서는 양육의 두 트랙인 대그룹 양육과 소그룹 양육의 정의와 필요성, 청년 양육에 대한 실제적 경험과 활용 제시, 작은 교회에서의 양육 커리큘럼과 운영 행태, 가정에서의 자녀양육과 다음세대 양육의 실제를 다룬다. 그리고 교회와 각 부서, 심지어 가정에서 이미 실현되어 열매를 맺은 결과에 대한 정리다. 마치 인생 선배가 앞으로 다가올 삶의 위기와 문제에 대하여 친절하게 안내하면서 실제적인 팁을 동시에 주고 있는 듯하다. 그만큼 친절하고 세심하다. 특별히 작은 교회에서도 실천할 수 있는 좋은 실례가 있으며, 목회자가 교회의 양육 과정에 대한 다양한 관점과 흐름을 스스로 정리할 수 있도록 돕는다.

《안 미쳐서 미친다》는 변화무쌍한 현대 목회 환경 속에서 길을 잃지 않도록 올바른 방향으로 고정시켜 줄 정확한 나침반과 같은 존재가 될 것이다. 부디 많은 분들이 이 좋은 도구를 선용하여 각자 자신의 목회 현장에서 선한 열매를 거두시기를 소망한다.

교회를 위한 신학포럼(서울) 총무, 진리샘교회 담임 **고훈 목사**

그 중요성에 비해 많은 사역자들이 간과하고 있는 영역이 하나 있다. '성도를 양육하는 법'이 바로 그것이다. 목회의 승패가 여기에서 갈라진다고 해도 과언이 아니다. 어떤 의미에서 설교보다 더 중요한 일이다.

그 이유를 두 가지만 제시하자면 첫째, 성도들의 실제적인 삶의 변화가 설교 시간보다 양육 과정, 다시 말해 소그룹을 통해서 더 많이 나타나기 때문이다. 마음과 마음이 만나고, 삶의 진정한 실존을 나누는 시간이기 때문에 당연한 이치다. 울고 웃으며 어느새 심령에 하나님 말씀과 형제애가 영혼에 새겨진다. 둘째, 설교자는 청중 앞에서 자신의 인격과 믿음을 얼마든지 위장할 수 있다. 그러나 소그룹에서는 자신의 존재와 실력이 만천하에 드러난다. 당연히 설교보다 훨씬 어렵고 더 많은 준비가 필요한 영역이다. 안일하게 생각하다가 큰 어려움에 직면할 수 있다.

소그룹을 어떻게 인도해야 할지, 무엇을 가르쳐야 할지, 어떤 순서로 모임을 전개해야 할지, 모임 전체를 어떻게 디자인해야 할지에 대해 실제적인 도움을 얻기 원하는 분들은 이 책을 꼭 읽기를 바란다. 현장에서 익히고 몸에 새긴 실제적인 지침과 유익을 얻게 되리라 확신한다.

행신침례교회 담임, 《본질이 이긴다》, 《살아봐야 알게 되는 것들》 저자 김관성 목사

삶은 충돌의 연속이다. 병아리가 먼저냐 달걀이 먼저냐? 양육이 먼저냐 훈련이 먼저냐? 전자도 아니고 후자도 아니다. 미치는 것이 먼저다!

지도자가 먼저 미치면 된다. 미치면 양육이 되고 훈련도 된다. 문제는 미치기가 쉽지 않다는 것이다. 그런데 여기 복음에 미치고, 양육에 미쳤다고 외치는 사람들이 있다. 아직은 미치지 않았다고 말하지만 이런 책을 썼다는 것은 이미 미쳤다는 방증이다.

미친 사람은 두 부류로 나눌 수 있다. 제대로 미친 사람과 반만 미친 사람이다. 반만 미친 사람을 '돌아이'라고 한다. 반만 미친 사람이 되면 안 된다. 제대로 미친 사람이 돼야 한다. 정신이 미친 사람은 반만 미친 사람이다. 이 사람은 답이 없다. 그러나 복음에 미친 사람은 제대로 미친 사람이다. 이런 사람은 답이 있다. 답을 가지고 계신 하나님께 나아갔기 때문이다.

영적인 지도자라면 마땅히 양육과 훈련에 미쳐야 한다. 지도자가 미쳐야 따르는 자들도 미치기 때문이다. 자신은 미치지 않았으면서 따르는 이들에게 미치라고 말하는 사람은 반만 미친 사람이다. 21세기, 하나님은 복음에 미친 사람을 찾으신다.

다른 곳에서 찾지 마시라. 여기 있다! 이 책에 있다! 양육에 미치고 싶다면 이 책을 손에 들면 된다. 오늘부터 하나님의 일에 미쳐보자. 이 책과 함께 미쳐보자. 아마 하나님도 그런 당신이 예뻐서 미치실 것이다.

아트설교연구원 대표, 《설교는 글쓰기다》, 《설교자와 묵상》 저자 김도인 목사

목회자들 가운데 양육과 제자훈련의 중요성을 모르는 사람은 없을 것이다. 하지만 관련된 프로그램을 배우려고 하지, 양육과 훈련에 담긴 목적과 본질을 깊이 있게 배우고 실천하는 목회자는 많지 않다. '사람이 곧 교회'라는 성경신학적인 정의를 내리고 말들은 그렇게 하지만, 한 사람을 귀중히 여겨 사랑을 담아 말씀으로 양육하는 목회가 점점 줄어들고 있는 시대다. 거대함과 웅장함이 곧 부흥이라고 말하는 시대다. 한 사람을 위해 기다려주고, 인내해주고, 함께해주는 참된 목회의 본질을 따라 사는 목회자가 절실한 이때, 실천적인 목회의 본질을 붙들고 사는 이들의 책이 나와 기쁘다. 앞서 나온 《미쳐야 미친다》에 한 사람을 바로 세우기 위한 저자들의 몸부림치는 사역 현장이 들어 있다면, 《안 미쳐서 미친다》에는 교회 공동체 안에서 목회자와 구성원 그리고 소그룹과 대그룹 속에서 말씀을 올바르게 양육하는 실제적인 지침들이 소개되어 있다. 본질적인 교회를 꿈꾸고, 한 사람의 교회됨을 갈망하는 신학생들과 목회자들에게 이 책을 권한다.

대구 미래로교회 담임 **서상진 목사**

많은 젊은 목회자들이 빠지기 쉬운 함정은, 설교와 리더십이 중요하다고 믿는 것이다. 더 정확한 정보를 깊이 있고 세련되게 전하면, 인문학적 통찰을 넣어 세련되게 선포하면, 열매를 맺을 거라 생각한다. 과거의 권위주의적 방식이 아니라 민주적이고 평등한 분위기의 새로운 리더십을 가지고 사람들을 이끌면, 교회가 더 나아질 거라고 믿는다. 슬프게도 결코 그렇지 않다. 목양은 우리가 상상한 것 이상으로 중요하다. 목양하지 않는 세련된 설교자는 성도들의 실존 가운데 가장 절절한 문제를 도외시한 채 자신만의 세계를 전함으로 외면받을 것이고, 목양하지 않는 괜찮은 리더십은 아무리 민주적인 방식으로 운영해도 독단적이라는 비판을 피할 수 없을 것이다. 현장 목회자들의 목회 경험이 신학적으로 정교하게 녹아든 본서는, 목양이 왜 중요하며 어떻게 이루어져야 하는지에 대한 이론적 기초를 확실하게 놓으면서도, 실전에서 목회자가 응용하고 적용할 수 있는 풍부한 실례를 제공한다(특히 작은 교회를 배려한 것이 좋다). 당신이 좋은 목자라면, 당신의 설교도 더 나아질 것이고 사람들이 당신의 리더십을 더 즐거이 따를 것이다. 목회자의 목양 전체를 살펴보기에 더할 나위 없이 좋은 책이다!

시광교회 담임, 《새가족반》, 《회개를 사랑할 수 있을까?》 저자 이정규 목사

가슴이 뛴다. 아니, 미칠 것 같다. 이 책에 담긴 양육에 관한 내용들이 내 마음을 흔들었기 때문이다. 저자들이 현장에서 적용하고 깨달은 양육 과정을 담은 노하우를 다룬 부분은 백미 중의 백미. 그동안 양육에 관심이 없던 사역자도 이 책을 읽으면 가슴에 불이 붙을 것이다. 그리고 양육에 목회의 모든 것을 걸게 될 것이다.

이 책에서 제시하고 있는 양육 체계를 교회의 환경에 맞춰 실천해 나간다면 다니엘과 같은 하나님의 백성들이 세워질 것이다. 나 또한 내가 목양해야 할 이들이 패역하고 어두운 이 세상에서 빛과 소금으로 쓰임 받도록 양육에 완전히 미친 사람이 되고 싶다. 감히 상상하건대, 초대교회 지도자들이 이 책을 참고하여 성도들을 양육했다면 한 영혼에 임하는 복음의 깊이가 더 깊어졌을 것이다. 복음에 미치지 않으면 세상에 미친다. 부디 이 책이 복음에 미친 교회를 세우는 데 널리 쓰이기를 바란다.

올리브선교회 공동대표 **임재환 목사**

서문

갓난 아기들 같이 순전하고 신령한 젖을 사모하라 이는 그로 말미암아
너희로 구원에 이르도록 자라게 하려 함이라 _벧전 2:2

갓 태어난 아기가 해야 할 가장 중요한 일은 젖을 먹는 것입니다. 만약
아이가 먹지 않고 자라지 않는다면 부모의 심정이 어떨까요? 마음이 찢어
진다는 표현으로 부족할 만큼 힘들겠지요. 영적으로 자라지 못하고 있는 자
녀를 바라보는 하나님의 심정도 그러합니다.

우리는 그리스도의 장성한 분량까지 자라야 합니다. 예수님을 닮은 거룩
한 자가 되어야 해요.

이것이 자녀들의 사명이며, 아버지의 소원입니다. 이를 위해서는 반드시
양육이 필요합니다.

어떻게 양육해야 할까요?

그 속에 뿌리가 없어 잠시 견디다가 말씀으로 말미암아 환난이나 박해가
일어날 때에는 곧 넘어지는 자요 _마 13:21

뿌리가 없으면 열매를 맺지 못합니다. 뛰어난 설교를 듣는다고 성숙해지
지 않습니다. 설교만 해도 사람들이 변한다면 얼마나 좋을까요? 목회자 입
장에서는 이보다 좋은 일이 없을 것입니다. 그러나 사람은 순간의 체험으로
변하지 않습니다. 지속적인 양육과 땀과 눈물, 시간이 어우러져야 합니다.

바른 말씀을 선포하고, 강단에서 내려온 후에는 말씀대로 살아갈 수 있
도록 지속적인 케어가 필요해요. 그 과정이 양육입니다. 이 사역은 인간의
노력만으로는 할 수 없습니다. 성령님의 은혜가 반드시 필요한 영역이죠.
우리가 열심히 씨를 뿌리고 밭을 갈아도 하나님께서 이른 비와 늦은 비를
적시에 내려주셔야 하기 때문입니다.

'양육'을 양적 부흥을 위한 수단이라고 착각하는 사람들도 있습니다. 양
육은 공동체의 '건강'을 위한 필수요소입니다. 성장했다고 반드시 건강하다
고 말할 수는 없지만, 건강하면 반드시 성장하게 되어 있습니다. 규모의 크
고 작음과 관계없이 자신이 속한 공동체의 상황에 맞는 양육이 필요합니다.

양육의 필요성은 알지만 어떻게 실행해야 하는지 알지 못해 고민하는 분
들이 많습니다. 양육의 철학과 방법을 접목하지 않고 주먹구구식으로 양육
하면 어려움에 봉착하기도 합니다. 양육의 기본기를 확실히 다지지 않으면

다음과 같은 일이 일어나기 쉽습니다.

- 대형 교회의 양육 시스템을 그대로 도입한다.
- 쉽고 편하게만 양육하려고 한다.
- 양육 리더가 제대로 훈련받지 못한다.
- 체계적이지 않아서 자주 헤맨다.
- 양육 과정에서 상처를 받는다.
- 가정에서의 양육을 간과한다.
- 다음세대와 미혼 세대의 양육에 소홀해진다.
- 평신도와 리더, 간사급 양육을 할 때 훈련의 강도에 차등을 두지 않고 동일하게 진행한다.
- 청사진이 분명하지 않아 미궁에 빠진다.
- 교육, 양육, 훈련의 차이를 알지 못해 공동체를 세워가는 데 어려움을 겪는다.

《안 미쳐서 미친다》는 양육의 현실적인 어려움을 해결하고자 집필한 책입니다.

이 책은 양육의 철학, 방법, 노하우, 방향을 제시합니다. 또한 개척교회, 대형교회, 선교단체, 가정 등 각 환경에 맞는 양육 프로세스를 제시합니다. 사역을 진행하면서 마주하는 각 단계에서 자주 범하는 실수를 줄이고, 바른 방향으로 나아갈 수 있는 양육자를 길러내는 일에 이 책이 사용되기를 소망합니다.

제자훈련에 대한 지침이 필요하신 분은 미미 시리즈 1권 《미쳐야 미친다》를 참조하시면 도움이 될 것입니다.

　책 출간을 위해 애써주신 넥서스CROSS 편집부에 감사의 마음을 전합니다. 그리고 지금도 한 영혼을 위해 목숨을 걸고 양육하고 계신 모든 하나님의 사람들에게 머리 숙여 감사드립니다.

　이름 없이 빛도 없이 교회의 구석구석에서 땀 흘리며 섬기는 모든 양육자들에게 이 책이 작은 힘이나마 보탤 수 있기를 소원합니다.

2019년 12월 마지막 날

고상섭, 김영한, 김형민, 반세호, 지현호

차례

소그룹에서 전인격적인 삶의 변화가
잘 이루어지는 이유는 무엇일까요?
바로 '스스로 깨닫는 기능'이 소그룹 안에서
자연스럽게 이루어지기 때문이에요.

양육 체계를
세우라!

예수께서 또 이르시되 너희에게 평강이 있을지어다
아버지께서 나를 보내신 것 같이 나도 너희를 보내노라

요한복음 20:21

01
양육의 두 트랙

들어가며: 양육과 훈련의 구분

그동안 한국교회는 양육과 훈련의 개념을 혼용해왔습니다. 그래서 양육을 훈련으로 생각하기도 하고 훈련을 소그룹 성경공부로 이해하기도 했죠. 그러나 효과적인 양육을 위해서는 양육과 훈련의 개념을 구분해서 명확하게 이해할 필요가 있어요.

양육은 '모든 성도가 영적으로 전진하도록 돕는 과정'이고, 훈련은 '양육 받은 모든 성도가 소그룹 리더가 되기 위해 준비하는 과정'입니다.

이러한 구분이 중요한 이유는 소그룹 리더로 준비된 사람들이 양육의 단계인 소그룹을 인도하기 때문이에요. 도표로 나타내면 다음과 같습니다.

새가족반	정착 과정	양육 과정	훈련 과정 (리더십트레이닝 코스)		리더 모임 (순장반)
5주 과정	바나바	성경대학	제자훈련	사역훈련	평생 과정
	일대일	교리대학	(1년 과정)	(1년 과정)	
		설교			
		양육 소그룹 (다락방)			

훈련 과정 안에 있는 제자훈련, 사역훈련은 사람들을 양육하기 위한 소그룹 리더를 배출하는 과정이라 할 수 있어요. 제자훈련은 많은 사람을 대상으로 하는 강의 형식이 아니라 소그룹 형태로 이루어집니다. 그 이유는 앞서 설명했듯이 여기서 배출한 리더가 다시 양육 소그룹을 인도해야 하기 때문이죠. 소그룹을 인도할 리더는 소그룹 안에서 배출되어야 하기 때문에 제자훈련 과정 또한 소그룹으로 진행됩니다. 이 과정을 이해했다면 양육 체계 속에 두 트랙이 있다는 것을 알게 되었을 거예요. 바로 '대그룹 양육과 소그룹 양육'입니다. 흔히 양육을 생각하면 대그룹 양육만 떠올리는 경향이 있어요. 목회자가 많은 성도를 모아놓고 가르치는 강의 중심의 양육이지요. 그러나 사실 양육에서 더 중요한 부분을 차지하는 것은 소그룹 양육입니다. 소그룹 양육을 다루기 전에 대그룹 양육에 대해 살펴보겠습니다.

02
대그룹 양육

　대그룹 양육은 주로 강의로 진행됩니다. 교회에 등록한 성도가 새가족반을 수료하면 양육 체계 안으로 들어가죠. 칼빈은 기독교 강요에서 교회를 '양육하는 어머니'로 묘사하면서까지 양육의 중요성을 강조했습니다.

　교회를 아는 것이 얼마나 유용하고 필요한가를 '어머니'라는 단순한 칭호에서 배워야 한다. 어머니가 우리를 잉태하고 낳으며 젖을 먹여 기르고 우리가 이 육신을 벗고 천사같이 될 때까지(마 22:30) 보호, 지도해주지 않는다면 우리는 생명으로 들어갈 길이 없기 때문이다. 연약한 우리는 일평생 교회에서 배우는

자로 지내는 동안 이 학교에서 떠나는 허락을 받을 수 없다.[1]

존 스토트는 《제자도》에서 성도에게 중요한 것은 '균형 있는 성장'이라고 말했어요. 단순히 개인적인 성장만이 아니라 공동체적인 성장이 함께 균형을 이루어야 한다고 강조했습니다. 균형 있는 성장을 위해서는 강의식으로 배우는 대그룹 양육과 소그룹 안에서 성장하는 소그룹 양육이 모두 필요합니다. 이것은 교회의 존재 목적과도 연결됩니다. 교회는 첫째 하나님을 위해서, 둘째 세상을 위해서, 셋째 교회 자신을 위해서 존재합니다. 따라서 교회에는 하나님과 연결하기(말씀과 기도), 사람과 연결하기(공동체 교제) 그리고 세상과 연결하기(전도와 문화)가 모두 필요합니다.

말씀 양육

우리는 예수님을 믿고 새롭게 되는 일을 표현할 때 '거듭남'이라는 말을 씁니다. 다시 태어난다는 의미는 우리가 성숙한 어른으로 새롭게 된다는 뜻이 아니라 영적인 어린아이가 된다는 뜻이에요. 갓난아이가 젖을 먹어야 하듯 영적 아이인 새신자도 신령한 젖을 먹어야 해요. 성경은 성도를 양육해야 할 어머니인 '교회'가 이 일을 해야 한다고 권유하고 있어요.[2]

갓난 아기들 같이 순전하고 신령한 젖을 사모하라 이는 그로 말미암아

---

1 존 칼빈, 신복윤 외 역, 《기독교 강요》(생명의말씀사, 1988), p.13, (4.1.4)
2 존 스토트, 김명희역, 《제자도》(IVP, 2010), p.104.

너희로 구원에 이르도록 자라게 하려 함이라 _벧전 2:2

1. 장기 말씀 양육

말씀을 양육할 때는 1년 정도 소요되는 호흡이 긴 프로그램이 필요해요 (주로 2~3월에 개강해서 6월까지는 구약을 공부하고 7, 8월은 방학 기간, 9~11월말까지 신약을 강의). 예를 들면 성경대학처럼 성경 전체의 개관을 배우고 최소한 1독을 할 수 있도록 돕는 과정이지요. 결석하지 않고 모든 과정을 수료하는 모습으로 성도들의 '성실성과 열정'을 검증할 수 있어요. 이러한 과정을 통해 검증된 성도들을 선발하여 제자훈련을 받게 하는데, 충분히 양육 받지 못한 사람을 훈련시키면 중간에 탈락되기도 합니다. 그렇기 때문에 기초 양육으로 충분한 체력을 길러주고 검증하는 과정이 반드시 필요합니다. 검증 또한 1년 양육 코스가 좋습니다.

2. 단기 말씀 양육

단기간에 성경의 줄거리를 빠르게 파악할 수 있는 단기 양육 코스도 필요합니다. 디모데 성경 연구원에서 만든 신구약 파노라마 같은 프로그램을 활용하여 짧은 기간 동안 신구약 전체를 파악할 수 있어요. 또 큐티학교 같은 프로그램은 교회에 처음 방문한 초신자들이 하나님의 말씀을 묵상할 수 있도록 돕습니다. 각 교회의 상황에 맞춰서 단기 양육 코스와 장기 양육 코스를 함께 운영하는 것이 좋습니다.

3. 일대일 말씀 양육

일대일 말씀 양육은 양육자와 배우는 동반자가 일주일에 한 번씩 만나서 말씀을 체계적으로 배우고 삶을 나누는 과정입니다. 새가족반을 수료한 후 교회 정착 프로그램으로 활용하기도 해요. 하지만 양육 과정으로도 좋은 프로그램이에요. 양육 교재는 온누리교회에서 사용하는 〈일대일 제자양육〉을 사용할 수도 있고, 다른 단체에서 나온 것을 사용할 수도 있어요. 바쁜 현대 인들은 시간을 내서 교회에 찾아와 양육 프로그램을 이수하기 쉽지 않아요. 일대일 말씀 양육의 장점은 양육자가 직접 동반자의 직장이나 가정을 찾아가 공부할 수 있다는 점입니다. 개척교회나 교인이 많지 않은 교회에서 적극적으로 사용할 수 있는 방법이지요.

4. 말씀 심화 과정: 교리교육

성경대학을 수료한 사람들에게는 기독교 교리를 가르치는 프로그램을 운영하면 좋아요. 장기 양육 코스로 신앙고백서와 교리를 가르칠 수도 있고, 성경연구를 가르치는 짧은 프로그램을 활용할 수도 있습니다.

기도 양육

1. 개인기도

하나님의 말씀과 기도로 거룩하여짐이라 _딤전 4:5

말씀과 기도는 양육의 필수 요소입니다. 기도가 무엇인지 잘 모르는 초신자는 체계적으로 기도를 배우는 것이 좋습니다. 다른 단체의 기도 양육 프로그램에 참여하는 방법도 있지만, 주기도문이나 성경에 기록된 기도에 대한 말씀으로 구성한 단기 프로그램을 제공하는 것도 좋습니다. 배운 것을 토대로 일주일 동안 기도할 수 있도록 돕는 것이죠. 관련된 양서를 추천하고 함께 읽으며 기도를 배우는 것도 유익합니다. 양육 기간 동안 기도 시간과 장소를 정해서 정기적으로 기도하는 습관을 길러주는 것이 중요합니다.

2. 중보기도

중보기도는 양육할 때 빼놓지 말아야 하는 중요한 요소입니다. 중보기도 학교를 4주 코스로 개설하거나 1박 2일 집중 코스로 세미나를 개최하는 것도 좋습니다. 양육 과정을 수료한 사람들이 공동체의 주요 기도제목으로 기도할 수 있도록 '중보기도자'를 세우는 과정이에요. 세미나를 마친 후에는 헌신서를 작성하도록 하고, 지원자들은 3~4개월간 1주에 1시간씩 기도로 교회를 섬기게 합니다. 공동체를 위해 기도하는 사람이 많아질수록 교회는 더욱 기도로 뜨거워지고 서로를 향한 관심과 사랑이 커집니다.

교제 양육

1. 인간관계

신앙생활을 하면서 가장 어려운 문제 중 하나가 교인들 간의 갈등이죠. 신앙이 성숙해지면서 문제를 잘 해결하기도 하지만, 가끔은 서로에 대한 오해를 해결하지 못하고 갈등이 커지기도 해요. 특히 나와 상대방의 차이점을 이해하지 못하거나 자신에 대한 이해가 부족할 때 이런 일이 일어납니다.

대인관계는 개인 훈련으로는 향상시킬 수 없는 영역입니다. 공동체 안에서만 가능한 훈련이죠. 팀 켈러는 공동체 안에서 대인관계의 변화를 강조하면서 이렇게 말했어요.

> 공동체는 우리의 성품을 만든다.…우리는 가르치고 배우는 학문적인 상황이 아니라 소그룹과 영적인 우정 관계 속에서 가장 잘 배우고 실천할 수 있다.… 요컨대, 교회 생활과 그리스도인 공동체에 깊이 참여하는 것보다 그리스도인의 성품 형성에 있어 더 중요한 제자도의 수단은 없다.[3]

인간관계를 훈련하는 양육 프로그램으로는 피플퍼즐 세미나(DISC), 애니어그램, MBTI 등을 활용하는 단기 프로그램이 있습니다. 그리고 선교사가 대인관계를 훈련할 수 있도록 제작된 '대인관계 기술을 계발하라'(SYIS)라는 장기 양육 프로그램이 있어요. 한편 교회 안의 사역자들과 평신도 지도자들의 리더십과 대인관계를 위한 프로그램으로는 앤드류 사이델 박사(달라스 신학교 크리스천 리더십 센터 대표)가 개발한 '전방향 리더십' 과정과 CRM(Church Resource Ministries)에서 개최하는 '포커싱 리더스 세미나'가 있습니다.

2. 가정생활

양육 체계를 세울 때 간과하지 말아야 할 영역은 바로 가정입니다. 아버지 학교나 부부성장학교와 같이 부모와 자녀, 부부 사이를 성경적인 관점으로 세워주는 과정이 필요해요. 결혼을 준비하는 청년들을 위한 결혼예비학

---

3 팀 켈러, 오종향 역, 《팀 켈러의 센터처치》(두란노, 2016), p.655.

교, 신혼부부를 위한 과정 등 다양한 양육 프로그램을 활용하여 말씀을 가정생활에 적용할 수 있도록 도울 수 있습니다. 이러한 양육은 대그룹으로 할 수도 있지만 소그룹으로 운영하는 것이 효과적입니다. 인격과 인격의 만남은 언제나 소그룹 안에서 이루어지기 때문이지요. 또 성경대학이나 교리대학 같은 프로그램도 중소형 교회에서는 소그룹으로 운영할 수 있습니다. 기존의 부부성장학교, 결혼예비학교와 같은 프로그램을 이용할 수도 있고, 각 교회의 상황에 맞게 단기 프로그램이나 수련회 기간을 통해 운영할 수 있습니다.

전도 양육

1. 교회 전도(대각성 전도집회)

새생명 축제라고 불리는 '대각성 전도집회'는 교회가 새신자를 초청하는 주일을 정해놓고(하루 또는 2~3일) 모든 성도가 새신자를 초청하여 예배를 드리는 전도 프로그램이에요. 전도가 특정한 은사를 받은 사람만 하는 것이 아니라 온 성도가 부름 받은 사명자임을 확인하는 시간이죠. 성도 개인의 차원에서는 복음의 열정을 회복할 수 있고, 교회 차원에서는 새로운 신자가 등록하여 하나님 나라를 확장하게 되죠.

전도집회를 위해서는 먼저 전도할 태신자 명단을 적어서 교회에 제출한 후 기도합니다. 그리고 부활절이 되면 태신자에게 계란이나 부활절 선물을 주는 것을 시작으로 한 달에 한 번씩 접촉합니다. 아울러 교회를 소개하는 책자나 설교가 담긴 CD 또는 USB를 선물요. 그리고 추수감사절 즈음인

11월, 새생명축제에 초대합니다.

주일 예배 시간이나 주일 오후 시간부터 2~3일 또는 2주나 3주에 걸쳐서 계획하고 시행할 수 있어요. 온 교회가 복음을 증거하는 공동체로 성장할 수 있는 귀한 시간입니다.

2. 개인 전도

새생명 축제는 주로 관계를 통해 전도를 하는 프로그램입니다. 그런데 이 과정에서 전도훈련을 받고 싶어 하는 사람이 생기기도 해요.

복음을 전하는 것이 어려운 이유는 복음을 어떻게 전해야 할지 모르기 때문입니다. 그래서 구체적으로 복음을 어떻게 전해야 하는지 훈련할 수 있는 프로그램이 필요해요. 한국전도폭발훈련부에서 개최하는 전도폭발훈련도 도움이 되고, 사영리 복음 전도지 훈련도 큰 도움이 될 거예요. 한편 이미 훈련을 실시하여 좋은 열매를 거두고 있는 교회를 탐방하는 것도 동기부여와 아이디어를 얻을 수 있는 기회가 됩니다.

문화 양육

1. 세계관 교육

'문화 내러티브'라는 말이 있어요. 성경적 진리는 아니지만 사람들 사이에 퍼져 있는 공리를 가리키는 말이지요. 교회 안의 성도들도 세상 속에서 살아가기 때문에 내러티브의 영향을 받고 있습니다. 교회 안에서 '세상 문화와 함께 갈 수 있는 것'과 '도전해야 하는 것' 그리고 '교회 안에서 변형하여 수용해야 할 것'을 교육하는 과정이 필요해요. 이를 위해 전문 강사를 불러서 기독교 세계관과 문화관을 특강 형식으로 가르치는 것도 좋고, 계획을 세워서 세계관에 대한 양서를 읽는 모임을 만드는 것도 도움이 돼요.

2. 신앙과 직업의 통합 교육

대부분의 사람들은 가정과 교회보다 직장에서 보내는 시간이 많아요. 직장은 신앙과 떼려야 뗄 수 없는 관계가 되었어요. 그렇기 때문에 직장 안에서 어떻게 신앙인으로 살 것인지 명확하게 정립할 필요가 있습니다. 교회에서 직군별 모임을 갖거나, 지역교회가 통합해서 직장 교육을 하는 것도 도움이 됩니다. 전문적인 단체와 연결해 교육을 하는 것도 좋고, 신앙과 직업을 통합하는 서적을 읽는 것도 좋습니다.

대그룹 양육 과정			
영역	구분	과정	프로그램
하나님	말씀	장기 양육	성경대학
		단기 양육	성경 파노라마
		일대일 양육	일대일 성경공부
		심화 양육	교리교육 / 개인 성경 연구
	기도	개인기도	기도학교
		중보기도	중보기도학교
사람	교제	인간관계	피플퍼즐, 애니어그램, 리더십 개발 등
		가정생활	결혼예비학교, 부부학교, 아버지학교, 자녀교육
세상	전도	교회 전도	대각성 전도집회
		개인 전도	전도폭발, 사영리
	문화	세계관 교육	기독교 세계관 학교
		신앙과 직업의 통합	직장사역연구소

03
소그룹 양육

소그룹은 인격과 인격이 만나는 곳입니다. 그래서 삶의 변화가 가장 많이 일어나죠. 팀 켈러는 《팀 켈러의 센터처치》에서 이렇게 말했습니다.

사람들을 제자화 하는(또는 영적으로 훈련하는) 주된 방법은 공동체 훈련을 통해서이다. 은혜, 지혜, 그리고 성품에서 성장하는 것은 수업과 강의, 그리고 대형 예배 모임, 또는 고독을 통해서 일어나지 않는다. 성장은 깊은 관계와 공동체에서 일어난다. 복음의 의미가 머리로 깨달아지고 삶으로 실현되면서 가능해진다. 이것은 다른 어떤 환경이나 장소가 제공하지 못하는 것이다.[4]

---

4 팀 켈러, 오종향 역, 《팀 켈러의 센터처치》(두란노, 2016), p. 651.

소그룹에서 말씀으로 양육되는 과정을 흔히 G.B.S.(Group Bible Study)라고 해요. 소그룹(Group) 안에서 성경(Bible)을 귀납적인 방식으로 공부(Study)하여 사람들을 양육하는 과정을 말합니다.

왜 소그룹(Group)인가?

어떤 사람들은 목회자 한 명이 많은 사람을 관리할 수 없기 때문에 소그룹 지도자를 세워 관리하는 역할을 맡긴다고 생각해요. 하지만 소그룹은 단순히 관리의 문제가 아닙니다. 반드시 소그룹으로 모여야 할 이유가 있습니다. 그것은 바로 '전인격적인 삶의 변화'입니다. 대그룹에서 선포되는 설교가 삶의 방향을 제시하는 큰 그림을 그린다면, 소그룹은 그 방향을 따라 살 수 있도록 격려하고 힘을 공급합니다. 설교가 불을 지피는 것이라면, 소그룹은 지속적으로 땔감을 공급하는 것이라고 할 수 있죠. 말씀을 배우는 설교와 강의는 반드시 필요하지만 소그룹과 함께 가지 않으면 삶의 변화와 은혜의 지속성을 보장할 수 없습니다.

또한 삶의 변화는 하나님의 말씀이 인격을 따라 흐를 때 생기는 것이기 때문에, 인격과 인격이 만나는 과정을 배제한 삶의 변화란 결코 있을 수 없습니다.

소그룹에서 전인격적인 삶의 변화가 잘 이루어지는 이유는 무엇일까요? 바로 '스스로 깨닫는 기능'이 소그룹 안에서 자연스럽게 이루어지기 때문이에요. 삶이 변화되는 가장 큰 원동력은 스스로 깨닫는 것입니다. 성인이 된 사람이 변화를 경험하려면 누군가의 충고나 조언이 아니라 스스로 깨닫는 과정이 있어야 합니다. 여러 사람이 자신의 삶을 나누는 과정에서 영향을 주고 스스로 깨닫도록 돕는 관계를 'Accountability'(상호책임, 상호관계)라고 해요.[5] 이 상호책임 관계 때문에 소그룹에서는 일대일보다 더 강력하게 사람이 변화되는 환경이 조성되는 것이지요.[6] 처음에는 서먹한 관계로 시작하지만 시간이 지나면서 끈끈한 사랑으로 묶이며 'Accountability group'이 됩니다. 이러한 상호작용을 통해 진정한 소그룹 다이내믹을 경험하게 되는 거예요.

이러한 상호책임의 관계를 유진 피터슨은 '영적 우정'이라 표현했어요. 다윗이 사울의 공격을 이겨낼 수 있었던 요인 중 하나는 요나단의 우정이었다고 해요. 창세기 2장 18절에서도 사람은 다른 누군가와 함께 영적인 교제를 나누어야 한다고 말합니다.

여호와 하나님이 이르시되 사람이 혼자 사는 것이 좋지 아니하니 내가 그를 위하여 돕는 배필을 지으리라 하시니라 _창 2:18

하나님은 천지를 창조하신 후에 모든 것이 좋았다고 말씀하셨어요. 그런데 성경에서 처음으로 좋지 못하다는 표현이 등장합니다. 하나님은 아담이 혼자 사는 것을 '좋지 않게' 여기셨어요. 하나님만으로 만족한다는 말은 다

---

5 김명호, 〈제자훈련에서 대화식 교육은 왜 중요한가?〉(제자훈련학교 강의안) p.169.
6 일대일 양육에서는 변화가 일어나지 않는다는 뜻이 아니라 소그룹의 특징을 강조한 것이다. 교회 안에서 일대일 양육을 활용하려면 소그룹 양육의 기반 위에서 이루어지는 것이 더욱 효과적일 것이다.

른 사람이 없어도 된다는 말이 아니에요. 인간은 혼자서도 행복할 수 있게 창조되지 않았어요. 성경은 '아담이 하나님과 함께 있어서 만족하였더라'고 말하지 않습니다. 영적 우정을 나눌 파트너가 필요했지요. 이 구절이 반드시 결혼을 해야 한다는 뜻은 아니에요. 성경은 독신이라는 삶의 형태도 하나님 앞에서 완전한 삶이라고 말하기 때문이죠. 그렇다면 이 구절의 참된 의미는 무엇일까요? 영적인 우정을 나눌 공동체가 필요하다는 말입니다.

릭 워렌 목사는 "많은 사람들은 목회자의 말을 제품을 잘 설명하는 외판원의 말처럼 듣지만, 평신도의 나눔은 제품을 써본 사람들에게 설명을 듣는 것과 같다"고 말했어요. 목회자가 오래 기도하는 것은 성도들에게 도전이 되지 않지만, 자기와 비슷한 처지와 환경을 살아가는 소그룹 리더나 성도들을 보면 크게 도전을 받아요. 이것이 상호책임의 능력입니다.

소그룹은 '전인격적인 삶의 변화'가 이루어지는 공간이에요. 성경 지식을 전달하거나, 특정한 주제를 가르칠 때는 대그룹 강의가 효과적이죠. 하지만 인격과 인격이 만나는 장이 없기 때문에 변화가 많이 일어나지는 않습니다. 그러나 소그룹은 인격과 인격의 만남이 있기 때문에 다양한 수준의 사람들이 함께 어울리면서 서로 변화됩니다.

왜 성경(Bible)인가?

G.B.S.의 B는 Bible을 뜻합니다. 그러나 많은 교회기 소그룹에서 성경을

빼는 추세입니다. 소그룹에서 말씀이 약해지면, 교제와 전도를 위한 소그룹은 될 수 있겠지만, 양육 소그룹이라고 할 수 없어요.

소그룹이 모여서 성경공부를 하기보다는 나눔 위주로 진행할 때가 있는데, 물론 나눔 위주의 모임도 필요해요. 셀교회와 가정교회를 창시한 랄프 네이버 박사는 자신의 저서 《셀목회 지침서》에서 믿지 않는 사람들을 소그룹으로 초대하기 위해서는 말씀(성경공부)의 장벽을 낮추고 나눔과 교제 위주로 운영이 되어야 한다고 말합니다. [7]

소그룹을 교회의 양육적 기능으로 사용하지 않고 교제를 위해 활용하는 것이지요. 그러나 한 영혼 안에서 인격적인 변화가 일어나려면 교제를 위한 소그룹에 그쳐서는 안 됩니다.

사람은 무엇으로 변할까요? 하나님의 말씀으로 변화됩니다. 소그룹에는 반드시 하나님의 말씀이 있어야 해요. 말씀 안에서 성장하면 여러 문제를 극복할 수 있는 사람이 됩니다. 어린아이의 일들을 버리게 되는 것이지요.

소그룹 모임을 '양육 모임이냐, 교제 모임이냐'로 나누는 기준은 하나님의 말씀에 어느 정도 비중을 두느냐에 달려 있어요. 말씀을 나누는 양육 소그룹이 될 때 전인격적으로 삶이 변화될 수 있습니다. 양육과 훈련을 구분해야 하는 이유도 훈련을 통해 하나님의 말씀으로 양육할 수 있는 리더를 배출해야 하기 때문이에요. 제자훈련을 강조하는 이유도 이와 같습니다. 리더를 양육하여 배출하고 그 리더가 소그룹을 인도하며 전교인이 예수님을

---

7 랄프 네이버, 장학일 역, 《셀목회 지침서》(밴드목회 연구원, 1999), p. 110.

닮아가는 것이죠.

　이러한 사역을 위해 교회는 다양한 주제의 강의를 들을 수 있는 프로그램을 준비해야 합니다. 또한 말씀을 배우는 양육 소그룹이 있어야 합니다. 강의식 양육 프로그램 과정에서 지식을 효과적으로 배우고, 소그룹 활동을 하며 배운 것을 실천할 수 있도록 하는 것이죠. 현재 교회의 양육 체계가 교제 중심의 모임이라면 점차 말씀으로 양육하는 소그룹 양육 체계로 전환해야 합니다. 그리고 그룹을 이끌 수 있는 리더를 세워야 합니다.

왜 귀납적 성경공부(Study)인가?

　G.B.S.에서 S는 Study입니다. 성경공부를 뜻하는 단어인데, 소그룹 성경 공부는 주로 귀납적인 방식으로 진행해요. 소그룹이 하나님의 말씀이 흘러가는 성령님의 통로가 될 때 변화가 일어납니다. 그렇다면 어떻게 성령님의 통로가 되는 소그룹이 될 수 있을까요? 가장 효과적인 방법은 바로 '귀납적인 방식'으로 소그룹을 인도하는 것입니다.

　혹시 '연역적 성경연구', '연역적 소그룹 성경공부 교재'라는 말을 들어본 적 있나요? 아마 없을 거예요. 개인 성경 연구도 '귀납적 성경연구'라고 말하고 소그룹 성경 연구도 '귀납적 소그룹 인도'라고 말해요. 왜 소그룹을 인도할 때 '귀납적'이라는 표현을 쓰는 것일까요? 늘 동일한 결론이지만 귀납적 방식이 삶을 변화시키는 가장 좋은 방법이기 때문입니다. 귀납적(歸納的)이라는 말을 사전에서 찾아보면 이렇게 정의 되어 있어요.

하나하나의 구체적이고 특수한 사실을 종합하여 그것으로부터 일반적인 원리
를 추론하는 것[8]

예를 들면,

- 소크라테스는 죽었다, 공자도 죽었다. 석가도 죽었다.
- 소크라테스, 공자, 석가는 사람이다.
- 그러므로 모든 사람은 죽는다.

위와 같은 삼단논법을 말해요.

구체적인 사실을 통해 하나의 일반적인 원리를 추론하는 것이지요. 그러
나 우리가 말하는 소그룹 귀납법은 일반 귀납법과 조금 다른 면이 있어요.
일반적인 귀납법은 구체적인 사실을 통해 결론에 도달하는 것이지만, 소그
룹 귀납법은 이미 결론을 인도자가 알고 있다는 점에서 다릅니다. 인도자가
소그룹 예습을 통해 소그룹 조원들에게 알려주어야 할 해당 과에 대한 명
확한 결론을 이미 가지고 있는 것이죠.

소그룹 리더는 '무엇을 깨닫게 할지(지적인 영역, 知), 무엇을 느끼게 할지
(정적인 영역, 情), 어떻게 살게 할지(의지적 영역, 意)'에 대한 명확한 해답을 이
미 가지고 있어요. 즉, 분명한 학습목표가 세워져 있는 것입니다. 그러나 결
론을 리더가 직접 말해버리면 연역적인 방법이 돼요. 인도자가 결론을 먼저
말해서는 안 되고, 모임이 끝날 때 즈음 모든 조원이 스스로 결론을 깨닫도

---

8 다음 국어사전. 2018.1. 20.

록 해야 합니다.

　조원들이 결론을 스스로 깨닫도록 하는 것이 소그룹 귀납법입니다.

　소그룹에서 '질문'과 '경청' 그리고 '토론'이 중요한 이유가 바로 여기에 있어요. 리더는 명확한 결론에 도달하기 위해 좋은 질문을 던져야 하고 조원들이 서로 토론하도록 해야 합니다. 사람은 '스스로 깨달을 때' 가장 큰 변화가 있습니다. 강의식 양육 프로그램은 연역적 선포라고 할 수 있어요. 그러나 소그룹은 귀납적 방식으로 스스로 깨달을 수 있도록 만들어가는 과정이죠. '질문'과 '대답'을 통해, 하나님의 말씀을 따라 생각이 변화되고 삶이 변화되는 과정이 바로 양육 소그룹의 특징입니다.

어떻게 소그룹 양육으로 전환할 것인가?

　효과적인 소그룹 양육을 위해서는 반드시 하나님의 말씀이 강화되어야 합니다. 소그룹 안에서 인격과 인격이 만나 하나님의 말씀을 나눌 때 성령께서 역사하십니다.

　한국교회의 소그룹은 다양한 모양으로 존재해요. 큐티를 나누는 소그룹, 성경공부를 하는 소그룹, 교제와 전도를 위주로 하는 소그룹도 있어요. 교제와 전도를 위주로 하는 소그룹의 경우 주로 목사님의 설교를 요약해서 두 문제 정도 나누는 것을 기본 형태로 합니다. 소그룹 초창기에는 이러한 방식이 유용합니다. 성도들이 전체적으로 양육이 되지 않은 상황에서 사용할 수 있죠. 설교 말씀을 나누는 소그룹의 경우, 삶이 변화되는 가장 중요한 요소 중 하나인 '스스로 깨닫는 기능'이 없다는 약점이 있어요. 설교는 이미 연역적으로 선포된 내용이기 때문이죠. 설교 내용을 삶에 적용하면서 말씀을 한 번 더 떠올릴 수 있지만 스스로 깨달은 것이 아니기 때문에 삶의 변화에 있어서는 효과적이지 않을 수 있습니다.

물론 성경공부를 하지만 삶이 변화되지 않는 소그룹도 있어요. 교제를 나눌 때보다 더 딱딱하고 경직된 분위기가 될 가능성도 있죠. 그래서 리더의 훈련이 중요합니다. 훈련을 충실히 받은 리더들이 소그룹을 맡을 때 더 풍성한 모임이 되는 것은 아주 당연합니다.

<u>기존의 소그룹을 양육 소그룹으로 전환할 때 간과하지 말아야 할 것은 급격한 변화는 피해야 한다는 점입니다.</u>
리더가 준비되지 않았는데도 급하게 전환하면 여러 저항과 반발에 부딪혀 어려움을 겪을 수 있어요. 그래서 기존의 소그룹 리더를 재교육하는 동시에 새로운 리더를 훈련시키는 투 트랙 전략이 필요해요. 또한 기존의 소그룹이 가진 강점을 최대한 살리면서 양육 소그룹으로 전환하는 것이 좋습니다.
전체적인 소그룹 양육의 과정을 도표로 나타내면 다음과 같습니다.

대그룹 양육 과정				훈련 과정	리더 모임
영역	구분	과정	프로그램		
하나님	말씀	장기 양육	성경대학	제자 훈련(1년)	소그룹 양육 교육
		단기 양육	성경파노라마	사역 훈련(1년)	
		일대일 양육	일대일 성경공부		
		심화 양육	교리교육 /개인성경연구		
	기도	개인기도	기도학교		
		중보기도	중보기도학교		
사람	교제	인간관계	피플퍼즐, 애니어그램, 리더십 개발 등		
		가정생활	결혼예비학교, 부부학교, 아버지학교, 자녀교육		
세상	전도	교회 전도	대각성 전도집회		
		개인 전도	전도폭발, 사영리		
	문화	세계관 교육	기독교 세계관 학교		
		신앙과 직업의 통합	직장사역연구소		
소그룹 양육 과정					
소그룹모임	귀납적 성경연구 소그룹				

나가며: 양육과 훈련의 조화를 이루라

훈련이 없는 양육은 존재할 수 없고, 양육이 없는 훈련 또한 존재할 수 없어요. 따라서 이 둘은 톱니바퀴처럼 서로 맞물려 돌아가야 합니다.

양육 체계를 세우려면 먼저 대그룹 양육과 소그룹 양육으로 나누어야 하고, 소그룹을 양육의 요소에서 누락시켜서는 안 돼요. 또 소그룹으로 양육을 하려면 리더를 훈련해야 하는데, 그 과정이 바로 훈련 체계(제자훈련, 사역훈련)입니다. 훈련된 리더들이 모여 리더 모임을 가지는데, 이 과정에서는 소그룹 양육 성경공부 교재에 있는 내용을 배워요. 리더 모임에서 배운 것으로 각자 맡은 소그룹을 양육하는 것이지요.

위에서 소개한 대그룹 양육 체계의 모든 내용을 한 번에 실행할 수는 없습니다. 각자 상황에 맞게 시행하면 되고, 준비가 어려운 교회에서는 다른 단체와 연결하거나 강사를 초빙해서 양육을 할 수 있습니다.

모든 성도가 인격의 만남이 있는 소그룹 안에 들어와서 함께 자라가고, 또 대그룹 양육과 강의를 통해 다양한 지식을 습득한다면 균형 잡힌 성도로 자라가게 될 것입니다. 여기에 제시한 양육 체계는 하나의 모델에 불과합니다. 소개해드린 모델을 참고해서 섬기고 있는 공동체에 맞는 '균형 있는 양육 체계'가 지속적으로 세워지기를 소망합니다.

그 영광의 풍성함을 따라 그의 성령으로 말미암아
너희 속사람을 능력으로 강건하게 하시오며

에베소서 3:16

젊은이들이 고독을 느끼는 이유가
주위에 사람이 없기 때문은 아니에요.
함께 밥을 먹고 이야기할 사람이 없어서도 아니에요.
오늘날 많은 이들이 갖는 가장 큰 고독은 '만날 사람'은 있는데
정작 '만난 사람'이 없다는 데 있어요.

2장

청년을 살리라!

궁휼히 여기는 자는 복이 있나니
그들이 궁휼히 여김을 받을 것임이요

야고보서 2:13

01
간절한 목자

　얼마 전 한 청년이 다급한 목소리로 연락을 해왔어요. 저를 만나 이야기를 나누고 싶다는 거였죠. 오랫동안 대인관계에 어려움을 겪었고, 깊은 우울감과 무기력함으로 침체된 마음을 다잡고 싶어 하는 형제였어요. 몇 마디 대화를 나누는 동안 마주한 그의 눈빛에는 희망도 용기도 없었어요. 형제는 마치 깊은 수렁에 빠진 것 같았습니다.

　믿음도 있고 교회에서 많은 역할을 감당하고 있었는데, 이렇게 무기력하게 무너진 자신의 모습에 더 고통스러워했어요. 당장이라도 옥상에 올라설 것만 같았고, 내가 전에 알던 친구가 맞나 의심스러울 만큼 변해 있었어요. 무기력함 그 자체였지요.

'어떻게 이 지경이 되었을까? 이제 내가 무엇을 어떻게 도와야 하지? 어디서부터 어떤 대화로 시작해야 하지?' 더 깊은 대화를 이어가기에 앞서 제 안에 너무나 안타까운 마음이 밀려왔어요. 힘없는 그의 목소리를 듣고 있자니 제 가슴이 미어질 것 같았습니다. 그때 제 안에 큰 울림이 일었어요.

청년 양육의 시작: 절박한 마음

"아! 살리고 싶다."
"하나님, 정말 살리고 싶어요! 어떻게든 무기력한 눈빛에 다시 생기가 돌도록, 지쳐 있는 마음이 활력을 되찾도록, 무너진 삶에 다시 용기를 주고 싶어요!"

그 뒤로도 수많은 젊은이를 만나면서 그들이 겪고 있는 어려움에 대해 들었어요. 자연스럽게 힘겨운 마음으로 살아가는 지체들에게 시선이 머물렀고, 제가 속한 공동체를 유심히 살펴보기 시작했어요. 대형교회일수록 군중 안에서 숨죽여 신음하는 청년들이 너무나 많았어요. 하나같이 지극히 평범한 일상을 사는 것 같고, 심지어 교회 안에서 활발하게 활동하고 있는 청년들이지만 그 마음 깊은 곳에는 아픔을 감춘 채 오랫동안 고통 받고 있었습니다.

"하나님! 어떻게 이들을 도울 수 있을까요? 어떻게 믿음의 공동체 안에 있는 지체들의 영혼을 살릴 수 있을까요?"

영혼의 상태를 깨닫고, 그들을 돕기 위하여 무언가 하지 않으면 안 될 것 같은 다급함, 이 절박한 마음이 바로 청년 목양의 가장 중요한 출발이에요. 이 책을 집어 든 분이라면 그 다급한 마음이 동기가 되었으리라 믿어요. 맞아요! 우리는 살리고 싶어 해요. '하나님께서 내게 맡기신 영혼을 정말 살리고 싶다!'는 간절한 마음으로 청년 사역에 뛰어들었어요.

주님 품에서 안식하기 전 모든 영혼의 상태는 이사야 선지자의 지적과 같이 '다 양 같아서 각기 제 길로 간' 모습이에요(사 53:6). 아담의 타락 이래 인간은 항상 자기 눈에 더 좋아 보이는 길을 찾아갔어요. 그러나 그 결과는 고통 받으며 유리하는 삶뿐이었지요.

오늘날 청년들의 모습도 그와 다르지 않아요. 자신의 행복을 위해 아등바등 살지만, 안타깝게도 그들의 의지나 노력과는 상관없이, 세상이 주는 고통과 아픔이 존재 아래 깊이 드리워져 있습니다.

예전에는 저에게 청년들을 변화시킬 힘이 있다고 생각했어요. 지금 생각하면 부끄러운 일이지만, 하나님의 말씀이 제게 주어졌고 이 말씀을 선포하면 베드로처럼 수많은 청년이 회심하고 주 앞에 돌아올 것이라고 확신했지요. 양육과 훈련을 열심히 하면 자연스럽게 영혼의 변화가 일어날 것이라 믿고, 밤잠을 설쳐가며 준비한 멋진 설교 한 편에 스스로 만족하며 강단에 섰습니다. 해박한 성경 지식으로 무장하여 제자훈련에 들어온 청년들을 마주했어요. 하지만 모두 제 예상을 빗나갔습니다. 청년들을 살리고 싶은 간절함도 동기도 충만했지만, 내 힘으로 살릴 수 있는 일이 결코 아니었어요.

그렇다면 무엇이 청년들의 목마름을 채우고 잃어버린 눈빛을 되살릴 수 있을까요? 삶에 의욕도 용기도 찾아볼 수 없는 마른 뼈와 같은 청년들을 소생하게 할 수 있을까요?

죄인을 긍휼히 여기시고 사랑하시는 분은 오직 예수 그리스도뿐이에요. 다양한 심리학적 도움으로 잠시 마음의 안정을 찾을 수도 있지만, 구멍 난 영혼과 함께 아파하며 가슴 저미는 아픔으로 바라보시는 분은 오직 예수 그리스도시죠. 그분이 진정한 목자로 이끄시도록 영혼을 내어드리는 것만이 유일한 대안이에요. 고통 받는 영혼에 대한 최종적인 해결책이지요.

> 이 세상의 친구들 나를 버려도
> 나를 사랑하는 이 예수뿐일세
> 예수 내 친구 날 버리잖네
> 온 천지는 변해도 날 버리지 않네
> _찬송가 394장

인간 내면의 깊은 근원의 문제를 살펴보면 볼수록, 결국 영혼의 깊은 어두움은 '빛'이신 하나님의 역사하심에 전적으로 달려 있어요.

> 여호와가 너를 항상 인도하여 메마른 곳에서도 네 영혼을 만족하게 하며 네 뼈를 견고하게 하리니 너는 물 댄 동산 같겠고 물이 끊어지지 아니하는 샘 같을 것이라 _사 58:11

성경은 인간의 메마른 영혼을 소생하게 하고 만족하게 하는 것, 무너진 몸과 마음을 다시 견고하게 하는 것은 오직 여호와 하나님께 달려 있음을 선언하고 있어요. 시편 23편의 시인은 이렇게 고백하죠. "여호와는 나의 목자시니 내게 부족함이 없으리로다." 진정한 만족과 풍성함은 어디에 있는가! 여호와 하나님이 '나의 목자'가 될 때 나에게 부족함이 없어요.

목회자의 설교와 가르침 또는 다양한 심리학적 지혜들이 전혀 도움이 되지 않는다는 말이 아니에요. 청년들에게 가르쳐야 할 가장 중요한 한 가지는 '하나님에 대한 어떠한 지혜'가 아닌, 내가 만난 하나님, 내가 경험한 하나님, 즉 '나의 하나님'이라는 고백입니다. 그러므로 영혼을 맡은 목회자 혹은 목자(리더)에게 있어 가장 중요한 것은 먼저 주님을 목자로 모시고 살아가는 영혼의 기쁨이에요.

주님을 따르는 가난하고 병든 사람들을 향한 주님의 마음을 생각해보세요. 그리고 예수님께서 벳세다 광야에서 기적을 베푸신 떡과 물고기로 무리를 먹이실 때 제자들에게 하신 말씀을 생각해보세요.

> [2]내가 무리를 불쌍히 여기노라 그들이 나와 함께 있은 지 이미 사흘이 지났으나 먹을 것이 없도다 [3]만일 내가 그들을 굶겨 집으로 보내면 길에서 기진하리라 그 중에는 멀리서 온 사람들도 있느니라 _막 8:2~3

육적인 눈으로 봤을 때, 많은 사람이 육신의 배고픔과 질병의 고통으로 신음하고 있었는데, 영적인 눈으로 바라보면 그들의 영혼은 더욱 비참한 상태였어요. 이들의 결말은 결국 죄악 된 세상으로 끌려다니다 절망하거나 마음이 강퍅하게 되는 거예요.

이런 사람들이 교회 바깥에만 있을까요? 아니에요! 교회 안에도 너무나 많아요. 목자는 이런 사람들을 섬기기 위해 부름을 받은 자입니다. 우리에게는 한 사람을 한 영혼으로 볼 수 있는 주님의 시선이 필요해요. 목자의 본질적 사명이 바로 버림받은 이들의 영혼을 치유하는 것이기 때문이지요.

지금 이 순간에도 잠시 있다가 지나가는 허무한 삶에 열심을 내면서 마음의 공허함을 달랠 길이 없어 밤잠을 설치는 수많은 젊은이들이 있어요. 예수님께서 탄식하신, 목자 잃고 유리하는 양 떼처럼 보인 사람들은 다른 나라에서 온 이방인들이 아니었어요. 가장 종교적인 민족인 이스라엘 백성이었지요. 율법을 따라 절기를 지키고 제사를 드리는 사람들 말이에요. 요즘으로 말하면 교회 안의 열심 있는 젊은이들이며 성도들이죠.

이미 복음이 전해졌으나 그 복음이 삶을 터치하지 못한 채 '살아 계신 하나님, 선하신 하나님, 참 좋으신 하나님'을 자신이 처한 삶의 자리에서 깊이 경험하지 못해 싸늘해진 영혼들이 분명히 있어요. 주님은 이처럼 길을 잃은 양같이 살아가는 교회 안팎의 영혼들을 섬기게 하시기 위해 사도들의 뒤를 이어 우리를 목양하는 자로 부르셨어요. 그러므로 교회 안에는 하나님의 은혜를 누리며, 거룩하신 하나님 아버지의 갈급한 마음을 품고 그분의 꿈을 함께 품는, 영혼들을 살릴 목자들이 절실히 필요해요.

생명의 복음으로 마음을 건드리기만 해도 무너져 내려 주님의 품안으로 쓰러져 안길 듯한 영혼들을 위해 누가 섬길 수 있을까요? 누가 저 깊은 수

렁에 빠진 이들에게 예수님의 손을 내밀어 잡아 일으켜 줄 수 있을까요?

청년 양육의 열쇠: 만남

예수님은 사람들을 어떻게 목양하셨을까요? 예수님의 목양은 한마디로 만남이었어요. 뜨거운 한낮에 고뇌와 인생의 목마름으로 물을 길러 온 수가성 여인을 향해 말을 걸고 인격적으로 만나셨어요(요 4:6~7). 그리고 여리고에 운집한 사람들 틈에 끼지 못한 채 자신의 부끄러운 삶을 대변하듯 나무 위에 오른 키 작은 세리장 삭개오의 이름을 부르고 만나셨어요(눅 19:1~10). 그의 집에 찾아가셨죠. 간음 현장에서 잡힌 여인에게 돌을 들어 처벌하려는 군중 안으로 들어와 흐느껴 우는 여인을 만나주셨습니다.

예수님과의 만남은 특별했어요. 그 만남을 통해 사람들이 회복되었고, 그들의 인생에서 가장 의미 있는 만남이 되었죠. 어쩌면 너무 당연한 일이었지요. 예수님께서 이 땅에 오신 이유가 바로 잃어버린 사람을 찾아 구원하기 위한 '만남'에 있었으니까요.

> 인자가 온 것은 잃어버린 자를 찾아 구원하려 함이니라 _눅 19:10

오늘 나와 마음을 나누고 싶고, 마음의 깊은 신음을 함께 토로하기 원하는 영혼은 어디에서 무엇을 하고 있을까요? 내가 찾아가야 할 영혼들은 누구일까요?

젊은이들이 고독을 느끼는 이유가 주위에 사람이 없기 때문은 아니에요. 함께 밥을 먹고 이야기할 사람이 없어서도 아니에요. 물론 함께 밥 먹을 사람마저 없다면 그건 더욱 슬픈 일이겠지요. 그런데 오늘날 많은 이들이 갖는 가장 큰 고독은 '만날 사람'은 있는데 정작 '만난 사람'이 없다는 데 있어요. 만날 사람은 많아요. 이미 휴대폰 안의 카카오톡은 쉼 없이 올라오는 대화창으로 가득하죠.

학교나 직장에서 많은 사람을 만나지만, '진정한 만남'이 이루어지지 않았다는 데 문제가 있어요. 이야기도 나누고, 밥도 먹고, 차도 함께 마시며 시간을 보냈는데 이런 만남으로는 가슴이 채워지지 않습니다. 모두 자신의 이야기를 하기에 바빠요. 믿고 기댈 수 있고, 조건 없이 들어주며 수용해주고, 지지해주며 바라봐주는 만남이 없어요.

만남에는 두 가지 종류가 있어요. 하나는 '단순한 만남'(meeting)이고, 다른 하나는 깊이 있고 울림이 있는 '진정한 만남'(encountering)이에요.

진정한 만남에는 생명력이 있어요. 그 만남을 통해 회복이 일어나고 누군가 살아나는 기적이 일어나지요. 마치 가나 혼인 잔치에서 예수님이 보이신 표적처럼 구정물이 포도주로 바뀌는 변화가 일어나는 만남이에요. 야곱이 브니엘에서 얍복 나루를 건널 때 밤새 씨름하여 만난 그 만남이에요(창 32:22~32). 살인자 모세가 떨기나무 아래에서 거룩한 하나님의 현존과 사명을 경험한 그 만남이에요(출 3:2~5). 그 누구보다 예수님과 가까운 자리에서 먹고 마시며 함께했던 베드로는 예수님을 수없이 만났지만, 진정한 만남을 갖지 못했어요. 예수님께서 붙잡힌 현장에서 두려움에 떨며 도망친 베드로가 할 수 있었던 것은 버려진 그물을 다시 손질하여 물고기를 잡는 일이었어요. 그때 베드로에게도 진정한 만남이 이루어집니다. 바로 부활하신 예수님과의 만남이었죠(요 21:1~14).

진정한 만남은 마치 혼돈에 빠지고 공허한 세상에 하나님의 말씀이 선포되자 가장 아름다운 세계가 완성된 것과 같아요. 온 우주 만물, 해와 달과 별, 하늘과 바다와 땅, 날씨와 기후, 온갖 기기묘묘한 형체로 움직이는 동식물 등 온 세상이 하나님의 말씀을 만나 시작된 것처럼 말이에요. 이처럼 말씀의 본체인 예수 그리스도를 만난 수많은 사람이 마음속 깊은 만남을 넘어 인생의 뿌리까지 흔들리고 변화되는 경험을 했어요.

목양의 핵심은 만남이에요. 목양은 하나님 말씀과의 만남을 통해 영혼을 살리는 일이지요. <u>하나님의 생명력 있는 말씀을 각 사람에게 선포하고 그 말씀을 가르쳐 여호와 하나님을 경험하게 하는 것입니다</u>(히 4:12). 그래서 예수님 승천 이후 예수님을 따르는 사도들이 가장 먼저 한 일은 바로 사람들에게 복음을 선포하고 말씀을 전하는 것이었어요(고후 2:17).

예수님의 십자가와 부활을 중심으로 한 구원의 복음이 우리를 살리는 기쁜 소식이기 때문이에요. 그런데 여기서 주목해야 할 점은 하나님의 말씀을 선포하고 가르치는 사역이 설교 강단에서만 이루어지지 않았다는 점이에요. 성도들의 삶 깊은 곳에서 이루어졌어요. 삶의 구석구석 끊임없이 하나님의 말씀이 전해졌지요.

> 그들이 날마다 성전에 있든지 집에 있든지 예수는 그리스도라고 가르치기와 전도하기를 그치지 아니하니라 _행 5:42

위 말씀을 보면, 사도들이 했던 목양에 주목해야 할 두 가지 핵심 내용이 있어요. 첫째는 "날마다" 전했다는 것이고, 둘째는 "성전에 있든, 집에 있든" 예수 그리스도를 가르치고 전도하기를 멈추지 않았다는 점이에요. 이것은 하나님의 말씀을 가르치고 영혼을 돌보는 일이 주일 강단에 그치는 것이 아니라 매일 그리고 일상의 자리에서도 이어져야 한다는 것을 보여주는 말씀이에요.

흔히 '심방'이라고들 하죠. 사실 오래전부터 교회 전통 안에서 이어온 목회자의 '심방'은 사도들의 목양 방법이 이어져 내려온 것이라고도 볼 수 있어요. 교회용어사전을 보면, '심방'(尋訪)의 원어적 의미는 '보살피다'(히브리어로 '파카트'), '돌보다'(헬라어로 '에피스켑토스')는 뜻이라고 나와 있어요. 이는 목회자가 성도의 가정 혹은 일터를 방문하여 형편을 살펴보고, 신앙적 상담과 동시에 위로·권면하며 교제하고 도와주는 목양 활동을 의미해요.

우리가 만나는 청년들의 삶이 교회가 아닌 일상에서 이루어지는 것을 생각한다면 일상에서 영혼을 보살피고 돌보는 심방 사역은 목회자가 설교를 준비하는 것만큼이나, 목자(리더)들이 소그룹을 인도하는 것만큼이나 중요한 사역이 아닐 수 없겠죠.

저는 주중에 최소 5명 이상은 꼭 만나려고 노력해요. 보통 주일 저녁이 되면 이번 한 주간 만나야 할 사람이 정해져요. 주일에 만난 청년 중 유독 안색이 좋지 않아 보였던 지체일 수도 있고, 제게 만남을 요청한 청년일 수도 있죠. 그들을 만나기 위해 때로는 캠퍼스로 찾아가기도 하고 일터로 찾아가 같이 점심을 먹기도 해요. 그리고 제가 하는 일은 그들의 이야기를 듣고 공감하는 거예요. 물론 제가 만나는 상대의 모든 감정에 동의하거나 이해하는 것은 아니지만, 제가 그들의 마음을 함께 느끼고 고개를 끄덕여주는 것만으로도 큰 위로가 되기 때문이에요.

그런데 목양자의 만남은 여기서 끝나면 안 돼요. 단순한 감정적 교감으로는 근원적 변화가 일어나기 어렵기 때문이에요. 진짜 중요한 것은, 하나님과의 만남, 즉 '하나님의 말씀'을 만나게 하는 것이에요.

> 오직 이것을 기록함은 너희로 예수께서 하나님의 아들 그리스도이심을 믿게 하려 함이요 또 너희로 믿고 그 이름을 힘입어 생명을 얻게 하려 함이니라 _요 20:31

구약의 선지자들이 했던 가장 큰 역할은 하나님의 말씀을 만나게 하는 일이었어요. 이것이 선지자의 외침이었고 선포였어요. 이사야가 하나님께 이렇게 질문합니다. "하나님! 제가 무엇을 외쳐야 합니까?" 그때 하나님께서 이렇게 말씀하세요.

> 말하는 자의 소리여 이르되 외치라 대답하되 내가 무엇이라 외치리이까 하니 이르되 모든 육체는 풀이요 그의 모든 아름다움은 들의 꽃과 같으니 _사 40:6

하나님께서 이사야 선지자의 입술에 넣어주신 말씀은 '모든 사람이 풀과 같다'라는 인간의 실존에 대한 말씀이었어요. 인간의 아름다움은 그저 들의 꽃과 같이 곧 사그라질 것이라고 말씀하셨죠. 그리고 하나님은 이사야에게 다시 말씀하세요.

> 풀은 마르고 꽃은 시드나 우리 하나님의 말씀은 영원히 서리라 하라
>
> _사 40:8

풀과 같고 시든 꽃과 같은 인생을 살리는 것은 영원한 하나님의 말씀뿐이에요.

목양은 주께서 내게 맡기신 영혼을 살리고자 하는 간절함에서 시작되어야 해요. 그 간절함은 강단의 가르침을 넘어, 삶의 자리로 찾아가는 만남으로 반드시 이어져야 합니다. 신음과 고독으로 점철된 어둠의 자리에 빛이신 주의 말씀을 비추고 선포할 때 영혼이 살아나고 회복돼요.

따라서 청년들을 목양할 때 목양자가 먼저 하나님의 말씀과 깊은 만남을 가져야 한다는 사실을 간과해서는 안 돼요. 자칫 소홀히 여기기 쉬운 부분이지만, 한 영혼을 섬기기 위해서는 교회 사역으로 분주하고 아무리 바쁜 상황에서도 매일 말씀을 붙들기 위해 몸부림쳐야 해요. 내가 먼저 경험하지 못하면 그들에게 아무것도 들려줄 수 없기 때문이죠.

인자가 온 것은
잃어버린 자를 찾아 구원하려 함이니라

누가복음 19:10

02
꼴을 준비하는 목자

내 눈을 열어서 주의 율법에서 놀라운 것을 보게 하소서 _시 119:18

시편 119편을 기록한 시인의 간절한 목소리가 우리의 기도가 되어야 해요. 말씀이 없는 목양자는 스스로 영적인 깊이나 풍성함을 가질 수 없기 때문에 양들이 허기지며 빈약할 수밖에 없습니다. 꼴을 준비하지 못한 목자는 먹일 수 있는 목초지를 갖지 못해 농약에 오염된 풀을 아무렇게나 양 떼에게 먹이게 되고 말죠. 말씀이 없는 목양자의 모습도 이와 다르지 않아요. 자신의 신앙조차 견고히 하지 못한 채 영혼들을 맡으면, 신앙의 견고함도 성숙함도 심어줄 수 없어요. 결국, 개인의 신앙 경험에 의존해 이리저리 흔들리는 감상적이고 나약한 청년들을 양산하고 말지요. 얼마나 안타까운 일인가요!

하나님의 풍성한 꼴을 먹일 준비가 되어 있는지, 내가 속한 공동체에 말씀이 바로 가르쳐지고 있는지, 말씀이 청년들의 일상에 선포되고 있는지, 그 말씀이 삶을 터치하고 있는지를 정직하게 살펴보세요. 개인과 공동체 모두 건강하게 목양하기 위해서는 하나님 말씀을 토대로 한 만남이 필요해요. 젊은이들을 심방하는 목적이 다름 아닌 스스로 말씀을 읽고 자신에게 주신 하나님의 말씀과 은혜를 깨닫게 하는 것이기 때문이에요.

자, 이제 젊은이들과 함께 성경을 읽기 위한 팁을 몇 가지 소개할게요.

1. 청년부 SNS(카카오톡)를 성경읽기 방으로 활용하세요!

여러분의 단체 카카오톡방에서는 주로 어떤 대화들이 오가나요? 우리 청년부 카카오톡방에 성경을 읽고 나누는 메시지가 종일 올라온다면 얼마나 좋을까요? 모두 그렇게 할 수 있어요. 오늘도 여러 카카오톡방에 서로 다른 말씀 읽기가 올라오고 있어요.

방법은 간단해요. 먼저 이번 달 읽을 성경의 범위를 정하세요. 가령 요한복음이나 로마서를 함께 읽기로 정하는 것이죠. 그리고 매일 모두가 하루에 1장씩 성경을 읽은 후 각자 읽은 장 내에서 문제를 만들어 올려요. 그러면 그 방에 있는 다른 사람이 그 문제에 답을 달고, 중복되지 않도록 또 다른 문제를 올리는 방식이에요.

서른 명이 넘는 목자들이 소통하는 한 메시지 방에서는 겹치는 문제를 내지 않으려고 아침에 일어나자마자 앞다퉈 성경을 읽고 문제를 올리기 바쁩니다. 이제 막 신앙의 첫걸음을 뗀 아홉 명의 제자훈련생들 역시 매일 요한복음을 한 장씩 읽고 같은 방법으로 문제를 올려요. 서로가 낸 문제의 답을 찾기 위해 성경을 읽고, 겹치지 않는 다른 문제를 내기 위해 더 꼼꼼히 성경을 읽게 되죠.

성경 읽기는 목자들에게 말씀의 꼴을 통해 풍성한 은혜를 경험하게 해요. 그리고 그 말씀은 나눔의 좋은 소재가 되죠. 성경을 읽고 문제를 나누는 방들은 늘 상단에 있어요. 대화가 활발히 이루어지고 있다는 뜻이죠. 같은 본문의 성경을 꾸준히 읽고 나서 만나면 각자 묵상한 말씀으로 은혜를 나누게 되면서 공동체에 말씀이 풍성해지는 것을 느낄 수 있어요.

성경을 읽고 메시지를 올리는 것은 리더들에게만 유용한 방법이 아니에요. 이제 막 신앙생활을 시작한 청년들도 얼마든지 할 수 있어요. 물론 매일 꾸준히 하는 것을 버거워하기는 하지만, 첫 2주 정도만 동기부여를 잘 해주면 잘 이어갈 수 있어요.

저는 이 방법으로 가정에서 초등학교 4학년, 3학년인 자녀들과도 재미있게 성경을 읽고 있어요. 청년 사역을 하면서 늦게 귀가하기 일쑤인데, 성경 읽고 문제를 내는 시간을 통해 아이들과 자연스럽게 소통을 하고 있어요.

자녀들이 매일 성경을 읽고 나서 방에 있는 칠판에 문제를 적어요. 그러면 제가 퇴근해서 그 문제에 답을 적고, 때론 제 의견도 적어두곤 해요. 종종 아이들의 창의적인 문제에 깜짝 놀라기도 합니다.

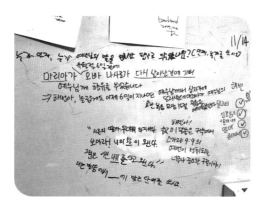

아이들이 성경을 읽고 낸 문제들

2. 핫라인(hot-line)을 만드세요!

온라인에서 말씀을 공유하고 나누는 채널을 만들었다면, 핫라인은 그 말씀이 오프라인에서 나눔이 되도록 하는 방법이에요.

청년 공동체에는 다양한 연령과 출신의 사람들이 모여 있어요. 이제 막 고등학교를 졸업한 20대 초반의 대학생 청년들과 직장에서 치열한 삶을 사는 청년들까지 20~30대 안에서도 큰 세대 차이를 느낄 수밖에 없습니다. 규모가 있는 교회는 세대별 청년부를 조직하면 되지만 사실 대부분의 교회에서는 청년들이 한 그룹으로 모여 있는 경우가 많아요. 이런 경우 청년들의 교제 폭이 그리 넓지 않아요. 요즘 청년들은 혼자 생활하는 것이 익숙하고, 다양한 사람의 생각을 듣거나 자신의 마음을 이야기하는 것에 익숙하지 않습니다.

더욱이 청년들이 교회 안에서 많은 봉사와 섬김을 감당하고 있기 때문에 정작 자신의 마음을 나누며 소통할 기회가 부족한 것이 현실이에요. 그러므로 청년들이 교회가 아닌 밖에서 만나 나눔과 교제를 할 수 있는 장치를 만드는 것이 중요해요.

제가 목양하는 리더(목자) 그룹에서는 매월 마지막 주일에 제비를 뽑는 방식으로 이름이 적힌 종이를 뽑아요. 그래서 두 그룹을 만드는데, 하나는 4~5명이 한 조가 되어 매일 성경 말씀을 읽고 메시지로 나누고, 다른 하나는 월 1회 카페나 식당에서 1:1로 기도 제목과 삶을 나누는 핫라인 조예요. 핫라인 만남은 단체 카카오톡방에 사진을 올려 인증을 해요.

두 조가 자리를 잡아가는 초기에는 벌금을 책정하는 것이 효과가 있어요. 말씀 나눔을 안 하면 벌금 1,000원, 핫라인 만남을 하지 못하면 10,000원을 벌금으로 내는 방식이지요. 아르바이트 시급보다 비싼 벌금은 아무리 바빠도 약속을 꼭 지키도록 하는 장치가 됩니다. 이 방법을 통해 고립된 청년들이 전혀 생각지 못했던 사람과의 나눔 속에서 풍성한 교제를 경험하면서 회복되는 모습을 볼 수 있어요.

청년 양육 방법: 키움

세상에서 면적이 가장 큰 나무는 무엇일까요? 미국 세쿼이아 국립공원에 있는 제너럴 셔먼 트리가 가장 큰 나무라고 해요. 지름이 무려 11미터에 높이가 84미터인 거구를 갖고 있어요. 도무지 나무라고 믿기지 않는 크기죠. 그렇다면 이렇게 몸집이 큰 나무의 씨앗은 크기가 얼마나 될까요? 제아무리 큰 나무라도 작은 씨앗에서 시작하지 않을까요?

나무의 씨앗은 처음부터 나무를 자라게 하지 않아요. 싹을 틔운 뒤에도 몇 해 동안은 크게 성장하지 않죠. 막 싹을 틔운 어린 나무가 생장을 마다하는 이유는 땅속의 뿌리 때문이에요. 작은 잎에서 만들어낸 소량의 영양분을 나무가 더 높이 자라는 데 쓰지 않고 오직 뿌리를 키우는 데 써요. 눈에 보이는 생장보다는 자기 안의 힘을 다지는 데 집중하는 것이죠. 어떤 고난이 닥쳐도 살아남을 힘을 비축하는 시기, 뿌리에 온 힘을 쏟는 어린 시절을 나무의 '유형기'라고 해요.

나무는 유형기를 보내면서 아무리 따뜻한 햇볕에도, 주변 나무들이 쑥쑥 자란다 해도, 결코 하늘을 향해 몸집을 키우지 않아요. 땅속 어딘가에 있을 물길을 찾아 더 깊이 뿌리를 내릴 뿐이죠. 그렇게 어두운 땅속에서 길을 트고 자리를 잡는 동안 실타래처럼 가는 뿌리는 튼튼하게 골격을 만들고 웬만한 가뭄도 너끈히 이겨낼 근성을 갖게 돼요. 나무마다 다르지만 그렇게 보내는 유형기가 평균 5년을 지나면 비로소 하늘을 향해 줄기를 뻗기 시작해요. 짧지 않은 시간 동안 뿌리에 힘을 쏟은 덕분에 세찬 바람이나 폭우에도 거뜬히 버틸 수 있는 거목으로 거듭나는 것이죠.

생각해보면 암울하게만 보이는 청년의 시기는 어쩌면 인생의 유형기가 아닐까 싶어요. 힘겨운 대학입시를 지나 치열한 취업 전쟁과 연애와 결혼의 골짜기에서, 불투명한 진로와 장래의 어두운 터널에서의 시간이 조금도 성장하지 못한 채 그 자리에 머무는 나무의 모습과도 같기 때문이에요. 하지만 나무의 유형기와 같은 청년의 때를, 견고한 반석 위에 묵묵히 뿌리를 내리는 시기로 삼을 수 있다면 곧 하늘을 향해 비상할 힘이 생기리라 믿어요. 처음에는 볼품없는 작은 씨앗으로 시작했지만, 그 씨앗이 인생의 녹록지 않은 현실을 감내하며 땅속 깊이 내린 뿌리에서 나오는 힘을 갖고 거목으로 자라나는 것이죠.

어떻게 하면 청년들을 뿌리 깊은 나무, 거목으로 길러낼 수 있을까요? '유형기'를 보내는 나무처럼 충분한 믿음의 힘이 비축될 수 있도록, 청년기를 보내는 젊은이들을 치밀하게 양육한다면 얼마든지 가능합니다.

요즘 젊은이들을 보면 휴대폰을 사용하는 빈도가 대부분 중독 수준이지요? 여러분, 왜 많은 사람, 특히 젊은이들이 휴대폰에서 손을 못 놓는 것일까요? 단지 휴대폰이 가져다주는 즐거움이 크기 때문일까요? 어쩌면 이 시대 많은 젊은이가 휴대폰보다 더 즐겁고 더 가치 있는 것을 아직 만나지 못했기 때문은 아닐까요?

청년들은 바라볼 푯대와 모델을 간절히 원해요. 교회를 떠난 청년 다수가 교회를 통해 보고 싶은 모습이 사라졌기 때문에, 걸고 싶은 기대가 사라졌기 때문에 교회를 떠났다고 말해요. 그런 의미에서 가장 확실한 목양은, 바로 닮아갈 모델을 제시해주는 것이에요. 궁극적으로 교회가 닮고 좇아가야 할 분인 예수 그리스도를 만나게 하고, 그 예수를 따르는 아름다운 믿음의 발자취들을 제시해 함께 그 길을 걸을 수 있도록 도전해줘야 해요. 예수님께서는 모델링 교육으로 목양을 탁월하게 해내셨지요.

03
예수님의 목양: 모델링

　예수님은 제자들을 어떻게 세우셨을까요? 마태복음 9장 38절을 보면 예수님께서 제자들을 세우는 장면이 나와요. 추수할 일꾼들을 세우시는 장면이죠. 예수님은 제자를 세우기 전에 먼저 기도할 것을 말씀하세요. 그리고 누가복음 6장 12~13절에서도 제자들을 선택하기 전 밤이 새도록 '기도'하시는 예수님의 모습을 발견할 수 있어요. 이후 마가복음 3장 14절에서 주님이 제자들과 가장 먼저 한 것은 바로 그들과 '함께'한 일이에요.

　이에 열둘을 세우셨으니 이는 자기와 함께 있게 하시고 또 보내사 전도도 하며 _막 3:14

즉, 예수님은 제자들과 함께하시면서 어떻게 기도해야 하는지, 사랑해야 하는지, 전도해야 하는지를 자연스럽게 몸소 보여주시며 가르치셨어요.

우리는 예수님께서 제자들을 세우시면서 무엇보다 우선시한 목양 방법에 주목해야 해요. 예수님은 설교하고 가르치는 일보다 '기도하고 함께하는 일'을 먼저 하셨어요. 물론 때가 되면 가르치고 선포하는 일을 하셨습니다. 그러나 그 전에 우리가 해야 할 일은 먼저 '내가 사랑하고 함께할 제자들'을 위해 기도하는 일이며, 그들과 마음으로 삶으로 함께하는 일이에요. 이것이 곧 예수님 양육 방식의 시작이며 핵심이에요.

마태복음 28장 16~20절은 예수님의 유언과 같은 말씀이에요. 부활한 자신에게 나아온 열한 제자들에게 자신이 그들을 떠나 승천할 것을 선언하시면서 마지막 부탁을 해요. "이 세상 모든 민족 가운데 나아가 내 제자를 삼으라"고 말이에요.

> [16]열한 제자가 갈릴리에 가서 예수께서 지시하신 산에 이르러 [17]예수를 뵈옵고 경배하나 아직도 의심하는 사람들이 있더라 [18]예수께서 나아와 말씀하여 이르시되 하늘과 땅의 모든 권세를 내게 주셨으니 [19]그러므로 너희는 가서 모든 민족을 제자로 삼아 아버지와 아들과 성령의 이름으로 세례를 베풀고 [20]내가 너희에게 분부한 모든 것을 가르쳐 지키게 하라 볼지어다 내가 세상 끝날까지 너희와 항상 함께 있으리라 하시니라
>
> _마 28:16~20

비록 말씀을 선포한 대상은 11명이었지만 주님은 그들 안에서 세상의

변화를 기대하고 계셨어요. 복음의 가치를 붙들고 사는 제자들이 또 다른 제자를 세우기 시작한다면 이 세상은 반드시 변한다는 것이 예수님의 비전이었습니다.

19~20절에 나오는 4개의 단어가 의미심장해요. '가서, 제자를 삼아, 침례(세례)를 주라, 가르쳐 지키게 하라'가 그것인데, 4개의 단어가 의미하는 주동사는 역시나 '제자를 삼으라'예요. 다른 3개의 동사 모두 제자를 만드는 방법인데, 이 동사들 안에서 예수님의 모델링 양육의 중요한 원리를 발견할 수 있어요.

가라

흥미로운 것은 제자를 세우는 일이 사람을 부르는 것이 아니라, 직접 찾아가는 데서 시작했다는 점이에요. 우리는 흔히 예배당을 멋있게 가꾸고 예배 시간에 다양한 이벤트를 만들고 준비하면 사람들이 교회에 와서 복음을 듣게 될 것이라고 기대해요. 지금까지 '전도집회'를 기획하고 준비했던 방법을 생각해보세요. 유명 CCM 가수의 노래와 간증 혹은 강사를 통해 복음이 전해지길 기대했죠. 이런 기대가 잘못된 것은 아니에요. 또 필요한 부분도 있어요. 그러나 주님이 우리에게 공동체를 통해 주신 제자로 삼는 사역의 의도와는 분명히 다르다는 것을 알아야 해요. 본문에서 주님은 '모이는 교회'로서의 기능이 아닌 '흩어지는 교회'를 강조해요. 예수 그리스도를 만나 구원을 얻고 삶의 변화를 경험한 것이 사실이라면, 동일한 가치가 세상 한복판에서 나누어지도록 찾아가라고 말씀해요.

저는 그것이 우리가 캠퍼스와 일터에서 서로 만나 교제할 목장교회(셀)를 구성해야 할 가장 중요한 이유라고 생각해요. 변화되기 원하는 그 사람의 삶이 깃든 일상에 찾아가야 해요. 주일 예배 혹은 20~30분 남짓 잠시 모이는 셀 모임 한 번의 만남으로 그쳐서는 안 돼요. 우리가 꿈꾸는 청년은 선데이 크리스천(Sunday Christian)이 아니잖아요. 흩어져 살아가는 일상의 삶에서도 믿음의 뿌리를 깊게 내리며 주의 은혜를 붙들며 살아갈 일상의 크리스천(Everyday Christian)을 세우는 것이에요. 이것이 대학 청년 사역의 핵심이에요. 청년들의 삶을 찾아가 터치하지 못하면 온전한 믿음의 사람으로 세울 수 없어요.

유난히 양육훈련을 하는 한 학기 동안 마음도 잘 열지 않고, 양육훈련 시간에도 내내 대화가 없어 제 마음을 졸이게 한 친구가 있었어요. 어느 날 아침에 기도하던 중 무작정 학교로 찾아가야겠다는 마음이 들었어요. 그래서 연락을 했더니 마침 그날 오후가 공강이어서 같이 식사하며 대화를 나눌 수 있게 되었어요. 어머니와 함께 교회에 첫발을 내디딘 이야기, 사춘기 시절 방황했던 이야기, 재수하며 힘들었던 일들, 치열한 대학 생활 등 학교로 찾아가지 않으면 들을 수 없었던 삶과 마음에 대한 이야기를 들을 수 있었어요. 그것도 점심시간, 사람들이 가득한 맥도널드 안에서 말이죠.

'진작 올 걸…' 얼마나 후회했는지 몰라요. 그동안 왜 말이 없었는지, 요즘 무슨 생각을 하고 있는지, 또 내가 그동안 어떤 생각을 가졌는지 진작 말했더라면 금방이라도 답을 들을 수 있었을 텐데 말이에요.

제가 이렇게 청년들을 찾아가는 또 다른 이유는 양복을 입고 강단에서 설교하는 모습만이 아닌, 치열하게 믿음으로 살아내려는 제 모습을 보여주기 위해서예요. 오늘 아침 너를 만나기 위해 내가 평소에 하나님께 어떻게 간구하고 있는지, 오늘 하나님께서 내게 어떤 말씀과 은혜로 다가오셨는지 등 제 삶을 나누다 보면, 개인적인 기도 제목도 스스럼없이 나눌 수 있게 돼요. 뿐만 아니라 우리는 모두 약한 존재이지만, 믿음으로 살아갈 수 있다는 용기를 심어줄 수 있어요.

찾아가야 만날 수 있어요. 찾아가야 들을 수 있어요. 목양의 시작은 찾아감이에요. 정기적인 심방 일정을 계획하세요!

지구촌교회 대학지구는 '캠퍼스 올레'라는 이름으로 교역자가 한 학기에 2회 새친구 혹은 심방이 필요한 지체들을 방문하는 일정을 세워요. 인근의 학교부터 멀리는 포항에 있는 대학까지 방문하는데, 시간과 재정이 많이 소요되지만 다른 예산을 줄여서라도 심방하는 일만큼은 중요하게 다루고 있습니다. 이때 시간과 여건이 허락되는 리더들이 있다면 심방에 동참하도록 해요. 이동하는 동안도 리더들과 깊은 대화를 나눌 수 있는 좋은 시간이기 때문이에요.

학교에 방문하면 어떻게 처음 교회에 나오게 되었는지, 목장모임에 어려움이 없는지 등 신앙적인 질문부터 요즘 마음은 어떠한지, 부모님과의 관계는 어떠한지, 학교에서 재밌게 공부하는 과목은 무엇인지 등 다양하고 깊은 마음의 이야기까지 나누게 돼요. 청년들은 목사님이 학교 혹은 직장까지 찾아온 것만으로도 신기해하기도 하고 많이 반가워해요. 은근히 친구들에게 자랑도 하고 단짝 친구들을 데려오기도 하지요. 주일 설교 내용은 기억하지 못해도 그날 목사님과 대화한 일만큼은 잊지 않더라고요.

침례(세례)를 주라

예수님의 마지막 유언과 같은 말씀이 모든 그리스도인을 향한 주님의 명령이라면, '침례(세례)를 주라'는 명령도 모든 그리스도인에게 주신 것이라고 보는 것이 말씀에 대한 일관성 있는 해석일 거예요.

침례(세례)를 주라는 말씀에 여러분은 어떤 생각이 드나요? 침례 혹은 세례와 같은 '성례'가 목회자들의 고유 책임 영역으로 여겨지지 않나요? 물론 교회의 전통과 질서, 거룩한 의식 안에서 목회자들이 책임 있게 집례하는 부분이 있지만 사실 침례(세례)의 의미를 생각해보면 이 말씀은 우리 모두에게 적용될 수 있어요.

침례(세례)가 무엇이죠? 예수를 믿어 거듭난 자녀가 되는 것이에요. 진정한 믿음과 회개를 통해 하나님께 돌아오는 공적 회심과 결단의 신앙고백입니다. 다시 말하면 침례(세례)가 하나님 앞에서 그리고 교회 공동체 앞에서 신앙의 커밍아웃을 하도록 이끌어야 한다는 말씀이에요. 이 부분이 확실해지면 목양의 방향을 새롭게 잡게 돼요. 목양을 한다는 것은, 예수 믿으라는 복음 제시를 넘어 그가 신앙을 고백할 수 있을 때까지 책임 있게 도와야 한다는 뜻이에요.

우리의 목장(셀) 안에서 내가 전도한 사람, 내가 기도하고 영적인 도움을 준 사람이 하나님의 자녀로서 인생을 새롭게 출발하는 모습을 보는 일보다 더 기쁘고 감격스러운 일이 세상에 어디 있을까요? 이 일에 모범이 되기 위해 요단강에 들어가신 예수님이 물에서 나올 때 하늘에서 들려온 음성을 기억하시나요? "이는 내 사랑하는 아들이요, 내 기뻐하는 자라." 우리 공동체 안에서 이런 간증이 더욱 풍성할 수 있기를 기대해요.

오늘날 교회의 영적인 상태가 쇠퇴하면서 눈에 띄게 나타나는 현상은 영혼을 돌보는 사역이 피상적으로 약화되고 있는 것이에요. 다시 말하면, 진정한 회개를 통해 참된 믿음을 소유하고 살아가는 사람들이 너무나 적어졌어요. 하나님과의 깊은 만남이나 진정한 회개와 돌이킴이 없는 예배, 그저 한 주간 자신의 이야기를 나누는 정도의 공동체 모임, 얕은 기도와 깊이 없는 설교 등은 진정한 회심의 부족에서 비롯된다고 생각해요.

진정한 회심과 회개는 오랫동안 묶여 있던 죄의 얽매임에서 벗어나 하나님을 향한 인격적인 신뢰와 사랑을 회복하게 하는 것이에요. 즉 회개는 '사랑의 대상이 바뀌는 것'이지요. 참된 회심과 회개는 하나님을 등지고 살던 때에 사랑하는 것들을 미워하고, 이전에 관심을 갖지 않았던 거룩한 사랑을 회복하게 하는 것이에요.

복음에 감격하는 사람으로 세우라

목양자는 누구인가요? 거룩하신 하나님 앞에 진정한 삶으로 돌이키는 회심의 도구로 보냄 받은 자예요. 물론 회심의 주체는 우리가 아닌 성령님의 역사하심이에요. 다만 하나님께서 그 일을 이루는 도구로서 하나님의 말씀을 사용하시고 우리는 바로 그렇게 영혼들을 회심에 이르게 하는 말씀의 도구로 보냄을 받았어요. 한 영혼을 하나님께로 돌아오게 하는 회심은 우리가 일으킬 수 없지만 그렇다고 하나님은 우리가 단지 차가운 도구가 되기를 원치 않으세요. 목양자가 먼저 영혼의 무거운 부담을 갖고 내게 맡겨주신 영혼을 위해 흘릴 눈물을 주시도록 주께 간구해야 해요. 그리고 목양자는 내가 맡은 영혼이 참된 회개와 구원의 고백을 할 수 있도록 목장 안에서 끊임없이 복음을 전해야 해요.

목양자의 중요한 역할은 복음 전도예요. 공동체 안에서 목자(리더)들을 세울 때, 그가 영혼을 진심으로 사랑하는지와 복음을 경험한 사람인지는 매우 중요한 기준이에요. 준비되지 않은 사람을 목자로 세우면 그 목장(공동체)은 금세 어려움을 겪게 돼요.

복음을 경험했는지 여부는 그가 분명한 복음을 제시할 수 있는가를 보면 알 수 있어요. 하나님을 등지고 살아가는 '죄'의 심각성을 알고, 구원의 길을 열어주신 예수님을 바라봄으로 믿음의 길을 제시하는 것이 바로 가장 중요한 목자(리더)의 역할이기 때문이에요.

그래서 저는 청년들의 구원 간증을 수시로 점검해요. 특별한 날이 아니더라도 목자들이 함께 모이면 삶에서 경험한 하나님의 은혜를 간증하는 시간을 가져요. 예수의 복음이 오늘 내 삶을 어떻게 바꾸었는지, 나는 그 복음에 얼마나 감격하고 사는지 스스로 돌아보게 하기 위해서지요. 또한 목장 안에 새로운 VIP(전도 대상자, 새친구)들이 왔을 때 목자들이 복음을 전하게 해요. 그 복음을 듣고 변화된 삶의 간증이 목장 안에서 나눠질 때 공동체는 복음의 생명력으로 풍성해져요. 목자의 회심 과정과 삶의 이야기가 목원들에게 힘 있는 모델링이 되는 것이죠.

복음 전도자 훈련에는 다양한 방법이 있어요. 가장 가벼운 방법인 개인 간증문 작성부터 시작해 체계적인 훈련으로 발전할 수 있도록 하는 것이 좋아요. 한 학기에 한 번쯤 개인 간증문을 목장 안에서 서로 나눌 수 있는 시간을 마련하세요.[1]

가르치고 지키게 하라

예수님의 명령은 침례(세례)를 베풀라는 데서 끝나지 않았어요. 침례(세례)는 엄격히 말하면 신앙고백의 시작이에요. 그를 진정한 그리스도인의 길로 인도하기 위해 우리는 그리스도께서 가르치신 교훈을 그에게 가르쳐야 해요. 그리고 그것을 지키게 해야 해요. 이것은 우리가 인격적 성장을 이루기 위해 지속적인 학습을 해야 하는 것과 같은 원리예요.

예수님께서 말씀하신 가르침은 분명히 이론에 국한된 것이 아니었어요. 그것은 생활 속의 순종이에요. 예수님의 가르침은 바로 역할 모범(role model)이었어요. 자녀가 가정에서 부모의 삶을 보고 배우는 것과 마찬가지로 한 사람이 예수를 처음 믿었을 때 보고 배울 사람이 필요해요. 어떻게 그

---

1 전도훈련 실행 방법에 대해서는 제자훈련의 기본 철학을 다룬 《미쳐야 미친다》(넥서스CROSS, 2019)에서 간략히 소개했다.

리스도인으로 살아가는 법을 배울 수 있을까요?

교회 전체를 상대로 배우는 데에는 한계가 있어요. 그 많은 사람 중에 누구를 보고 배울 수 있을까요? 예수님처럼 12명 정도의 구성원을 이룬 목장(셀)이 좋은 대안이 될 수 있어요. 목장(셀) 안에서 한 사람 한 사람을 돌보고 역할 모범(role model)이 될 수 있다면 충분히 가능해요. 이것이야말로 예수님의 탁월한 전략이었죠. 12명의 제자를 불러 그들과 함께하시며 자연스럽게 전도하는 모습을 보여주셨고 제자들은 그의 행하심을 보고 쉽게 배울 수 있었지요. 예수님은 기회가 닿는 대로 많은 무리를 전도하고 가르치셨지만 사역의 핵심은 제자훈련에 있었어요. 더 나아가 제자의 증식에 있었죠. 제자가 또 다른 제자를 만들어갈 때, 그리고 제자를 키우고자 하는 비전을 가질 때 이 세상에 예수님의 가르침대로 살아가는 사람들이 생길 테니까요. 또한 그것이 이 세상의 소망이라고 믿으셨어요. 그래서 예수님은 '제자를 삼으라'는 것을 자신의 마지막 유언으로 삼으셨어요.

평신도 장년 멘토를 적극 활용하라

제가 섬기는 지구촌교회는 연령과 세대를 구분해서 목양하고 있어요. 대학지구와 청년지구에서 공통으로 하는 중요한 양육 방법은 '멘토링'이에요. 지구촌교회는 가장 작은 소그룹을 목장, 목장이 모이면 마을, 마을이 모이면 촌이라고 하는데, 각 촌을 대표하는 장년 평신도 리더 한 분이 '촌장'으로 세워져 있어요.

'촌장'의 역할은 말 그대로 멘토(mentor)예요. 인생의 조언도 들을 수 있고, 개인 고민 상담도 해주는 역할 모델이죠. 저는 촌장 시스템이 지구촌교회 대학지구 사역에 강력한 원동력이 된다고 자부해요.

대개 교역자들은 실제 치열하게 살아가는 청년들의 삶을 다 이해할 수 없어요. 사회 경험도 상대적으로 적을 수 있고, 현장의 이야기를 잘 모르기 때문이죠.

'촌장'을 선별하는 기준은 그 역할만큼이나 까다로워요. 실제 목양자로서의 충분한 경험이 있어야 하고, 신앙적으로나 가정과 일터에서 삶으로나 본이 되어야 하죠. 촌장은 그런 분들 중에 추천을 받아 선발해요. 절대 대단한 업적을 이루었다거나 전문직 혹은 큰 사업을 경영하는지 여부가 기준이 되어서는 안 돼요. 평범한 주부도, 평범한 직장인도 좋아요. 청년들을 뜨겁게 사랑하며 그들을 섬길 준비가 되어 있는 분들이면 되지요.

한 촌장님은 사업장을 운영하시는데, 평일에도 얼마나 바쁘게 사시는지 몰라요. 그렇게 바쁜 일정 중에 청년들을 목양하는 일을 너무나 잘 섬겨주세요. 사업장이 조금 여유 있는 평일 점심 혹은 저녁 시간을 활용해서 청년들을 2명씩 짝을 지어서 초대하세요. 그리고 청년들과 함께 식사 교제를 나눠요. 청년들은 촌장님과 교제하며 무엇을 보고 배울까요? 일터에서 믿음으로 살아가는 모델을 현장에서 보는 거예요. 어떻게 믿음으로 치열한 싸움을 싸우고 있는지, 어떻게 우리가 배운 말씀을 지키며 살 수 있을지 듣고 배우죠. 그 시간을 통해 위로를 받기도 하고 격려와 감사의 삶을 나누기도 합니다.

04
청년 목양의 실제

　이미 교회 안에는 청년들의 멘토가 되어줄 분들이 있어요. 장년 성도님들을 멘토로 세워 믿음의 선배 세대들이 다음세대를 함께 품고 동역할 때 좋은 시너지가 될 수 있어요. 지금까지 청년 목양의 중요한 철학과 기초를 다루었다면, 앞으로는 제 경험을 바탕으로 양육의 실제를 나누고자 해요.

리더와 동역하기

　목양의 궁극적인 목표는 목장 사역을 통해 예수 그리스도의 제자를 세우는 거예요. 지갑에 들어 있는 재정도 잘 사용하려면 계획적인 재정 관리가 필요한 것처럼, 천하보다 귀한 하나님의 영혼들을 섬기려면 구체적인 목양 방법을 알고 계획을 세워야 해요.

먼저 청년 공동체를 목양하는 데 있어 가장 큰 동력이 되는 것은 좋은 리더예요. 건강한 부모가 건강한 가정을 이룰 수 있는 것처럼 영적으로 건강한 목자 한 사람은 목장을 영적으로 활력 넘치는 공동체로 만들 수 있어요. 반대로 리더는 필요한데 사람이 부족하다는 이유로 아직 준비되지 않은 리더를 세우면 공동체는 반드시 어려움을 겪게 돼요.

지구촌교회 대학지구는 가장 상위의 리더를 '엘더'라고 불러요. 엘더는 교역자와 함께 일선에서 목양을 돕는 공동체 대표 리더예요. 담당 교역자를 도와 목자들을 목양하는 '목자들의 목자'인 셈이죠. 목자가 목원을 개인적으로 잘 돌보고 양육을 잘할 수 있도록 코치 역할을 해요. 이로써 목자가 보다 건강하게 목장을 목양할 수 있도록 돕는 역할이에요.

🌱➕ 엘더(elder)의 조건

• 엘더의 사명과 자세

① 하나님께서 자신을 부르시고 세우셨다는 분명한 소명의식과 사명감이 있는가? (분명한 사명은 주어진 기간 동안 하나님 앞에서 성실하게 사역을 감당하게 해요.)

② 하나님과 동행하는 삶을 살기 위해 애쓰며, 예수님의 마음으로 자신과 타인을 바라보는 훈련을 끊임없이 하는가?

③ 캠퍼스(공동체) 전체의 연합과 하나 됨을 위해 노력하며 목자들과의

목양 관계에 우선순위를 둘 수 있는가?

● 엘더와 교역자와의 관계

① 담당 교역자의 영적인 리더십을 인정하고 존중하며, 교역자의 코칭을 받으며 동역할 자세가 되어 있는가?

② 담당 교역자와 긴밀한 의사소통을 하며, 개인적인 문제와 더불어 캠퍼스 사역을 할 때 어려운 점을 진실하게 나눌 수 있는가?

이를 위해 캠퍼스 목양과 목자 심방에 대해 매주 담당 교역자에게 보고하고 피드백을 들을 수 있어야 해요.

● 엘더의 사역

① 목자들에게 모본이 되며, 목자들과의 긴밀한 소통을 위해 주중 심방과 더불어 다양한 방법으로 깊이 있는 소통을 할 수 있는가?

② 목원들을 진심으로 사랑하며, 그들을 존중하고, 신뢰하며, 목자들이 자신들의 목양적 잠재력을 발견하고 개발하도록 도울 수 있는가?

③ 목자들과 구체적인 사역의 목표를 정하고 목자들이 그 목표를 이룰 수 있도록 적극적으로 도울 수 있는가?

④ 목자들의 기도 제목과 목양적 특이 사항을 두고 담당 교역자와 정기적으로 소통할 수 있는가?

아마 이 글을 읽으면 엘더의 역할이 교회 교역자 수준으로 느껴질 거예요. 맞아요. 실제 엘더들의 헌신과 노력을 눈으로 보면 깜짝 놀라곤 해요. '이렇게까지 헌신할 수 있는 리더가 있을까?' 하는 생각이 들 수 있어요. 이렇게 헌신할 수 있는 엘더들이 세워질 수 있었던 것은 하나님의 풍성한 은혜와 감격이 있었기 때문이에요. 변화된 사람들을 두 눈으로 목격하면서 이 모든 과정을 이끌어가는 것은 교역자도 리더도 아닌 전적으로 성령님의 역사하심이라는 사실을 경험하기 때문이죠. 지금 당장 엘더의 역할을 할 사람이 없다고 처음부터 포기하지 말고 함께 영혼을 품고 헌신할 리더가 세워지도록 기도하며 시작하세요.

엘더는 목자를 목양하는 역할이므로 대략 목자 10~12명당 1명꼴로 세우는 것이 중요해요. 엘더 한 사람이 너무 많은 목자를 섬기면 버겁고 또 쉽게 지치게 돼요. 목자 중에 후보군을 세우되 무조건 연장자를 세운다거나, 가장 오랫동안 공동체에 있던 사람으로 세우지 않도록 주의해야 해요. 준비된 사람을 세우는 것이 가장 중요하니까요.

목자(리더) 훈련하기

청년 목회자들이 실수하는 것 중 하나는 소그룹 모임을 만들기만 하지, 소그룹을 인도할 리더를 양육하는 일에는 크게 관심을 기울이지 않는다는 점이에요. 처음에는 저 역시 그런 실수를 했어요.

보통 소그룹은 담당 교역자의 설교가 끝나면 2~3가지 질문과 나눔으로 인도해요. 만약 소그룹 리더가 사전에 어떤 내용을 나눠야 할지 충분히 알지 못하면 깊은 나눔으로 이끌어갈 수 없어요. 그러므로 풍성한 나눔이 있는 공동체를 세우기 위해서는 설교 준비만큼이나 정기적으로 목자 훈련 모임에 힘써야 해요.

목자모임의 가장 큰 목적은 리더(목자)들이 목양하는 사람이기 이전에 각자 하나님 앞에 서 있는 예배자로서 은혜를 구하며, 성령의 충만함을 받아 개인의 영성을 새롭게 하는 데 있어요. 지구촌교회 대학지구는 매주 토요일 오전 10시부터 오후 3시까지 목자모임을 해요. 주말인 토요일 오전 10시에 리더 모임을 한다고 하면 다들 그것이 어떻게 가능하냐고들 해요. 토요일 오전 10시에 모임을 시작하는 일이 처음에는 어려웠는데, 그 시간이 뜨거운 눈물과 은혜의 시간이 되면 청년들도 그 시간을 사모하게 돼요.

목자모임에서는 크게 두 부분을 훈련해요. 첫 번째는 주일에 소그룹 모임에서 나누게 될 교안을 중심으로 한 예배예요. 이 시간에는 단순한 강의가 아닌, 찬양팀의 찬양과 목회자가 준비한 메시지 그리고 기도회로 1시간 30분 동안 예배를 드려요. 말씀은 주일에 소그룹에서 다룰 메시지이므로 필기를 하며 듣는데, 어떤 목자는 녹음하여 집에 들어가 저녁에 따로 교안을 준비하기도 해요.

두 번째는 교안 나눔이에요. 말 그대로 목자들이 주일에 나눌 교안을 갖고 먼저 시뮬레이션을 하는 것이죠. 목자들의 소그룹 시간이라고 할 수 있어요. 엘더들이 목자들을 이끌고 주일 목자들이 목장에서 하듯 나눔 시간을 가져요. 사실 리더들이 가장 어려워하는 부분은 목장모임을 인도하면서 본인의 어려움과 아픔을 다 나누지 못한다는 점이에요. 목자모임에서는 같은 동료 목자들이 서로 공감해주며 깊은 나눔을 할 수 있어 목자들은 이 시간을 사모하게 돼요.

1. 목자모임 예시

매주 토요일 10:00~11:30 찬양(30분) / 말씀(30분) / 기도회(30분)

11:40~12:30 점심식사

12:30~14:30 교안 나눔

14:30~15:00 사역 나눔

2. 목자모임 규칙

모든 목자(리더)는 목자모임에 우선순위를 부여해야 해요. 목자는 몸과 마음과 시간을 목자모임에 기꺼이 헌신할 수 있어야 하며, 그 시간에 다른 약속을 잡지 않도록 해야 하지요. 목자모임을 꾸준히 지속하기 위해 벌금으로 엄격하게 출결을 관리하고 있어요. 모임에 늦거나 빠지는 것은 목장모임에 결정적인 영향을 주기 때문이에요. 모든 리더는 목자모임에 출석하는 것을 원칙으로 하며 부득이한 상황으로 지각 및 결석을 하게 되면 담당 교역자에게 최소한 전날까지 반드시 상의하도록 해요.

3. 목자모임 보강

혹시 토요일에 출석하지 못할 경우 반드시 주일 보강 모임에 참석해야 해요. 목자모임에서 교안이 준비되어 있지 않다면 주일 목장모임을 인도할 수 없다는 것이 원칙이에요. 만일 목자모임에 지각한 경우 못 들은 부분은 보강으로 보충하고자 하는 열정이 있어야겠지요.

4. 목자들과의 관계

목자들은 목자 그룹 내에 있는 목자들과의 관계에 열린 마음, 능동적인 마음이 있어야 해요. 모든 목자와 친밀해지도록 노력하는 동시에 목자 그룹 내에서 갈등이 생겼을 경우 반드시 담당 교역자에게 그 사실을 알리고 갈등을 해결하고자 하는 적극적인 마음을 가져야 해요. 관계는 함께 노력해야 해결할 수 있어요.

또한 교역자, 엘더, 목자는 서로를 존중해야 해요. 목자모임 시 누군가가 발언을 할 때 발언자에게 집중하는 것, 카카오톡 공지에 서로 답글을 올리며 예의를 지키는 것 등 서로를 향한 존중이 리더 모임의 질서를 만듭니다.

5. 목자의 역할

목자의 가장 큰 역할은 소그룹을 인도하는 것이 아닌 소그룹 목원들을 목양하는 것이에요. 목원들에게 깊은 관심과 사랑을 부으며 믿음 안에서 잘 성장할 수 있도록 돕는 역할이죠. 목원들은 목자로부터 사랑받은 만큼 반응해요. 목자는 주간, 월간 계획을 세워 목원들을 심방해요. 만약 토요일에만 연락해서 주일 참석 여부를 물으면 목원들 입장에서는 전혀 반갑지 않겠죠? 교회 일이 아니라 '관계'를 느낄 수 있도록 전화 심방은 주중에(수요일까지) 진행해야 해요.

한 주에 한 명이라는 생각으로 부담은 줄이되, 빠뜨리지 않고 심방을 진행하는 것이 중요하지요. 꾸준한 노력에는 분명한 보상이 있어요. 목원들은 기대를 먹고 자라납니다. 따라서 항상 격려하고 힘을 실어줘야 해요. 아울러 작은 일이라도 책임을 주는 것이 중요합니다. 우리 목장만의 특색을 살려 목원들이 목장모임에 책임감을 느끼도록 준비하는 성의가 필요해요. 목장 안에서 서로가 감당할 수 있는 역할을 만들어서 함께 목장을 만들어가는 것이 좋습니다.

그리고 분기별로 한 번씩 장결자(장기 결석자)를 점검해야 해요. 우리 목장과 맞지 않는다면 결석자들을 재배정해서 한 번이라도 더 교회에 정착할 기회를 제공하도록 노력해야 합니다.

두 번째는 목원들이 교회 안에서 지속적으로 성장할 수 있는 교육 훈련을 소개하고 안내해주는 역할이에요. 처음 정착하는 데 도움을 주는 훈련들(새생명, 새가족, 목장교회생활, 영성큐티 등)을 선택이 아닌 당연한 것이 되도록 분위기를 만들어야 해요. 관계로 교회에 오는 것은 분명 한계가 있어요. 성장을 경험하도록 동기를 유발하고 격려해주며 이끌어주는 것이 매우 중요합니다.

✚ 목자의 목양 스킬 4가지

① 함께: 목장의 비전을 나눌 수 있는 목자의 편을 만들어라!
② 친해지기: 목원들이 서로 친해졌을 때 진정한 삶의 나눔이 시작된다.
③ 참여시키기: 목자는 목원의 가슴을 울리는 최고의 동기부여자이다.
④ 한 영혼부터: 목원을 만나는 순간 VIP는 내 생애 최고의 VIP이다.

6. 목장 관리 Tip

첫째, 목표가 없는 공동체는 자칫 방황하기 쉬워요. 우리 목장에 어떤 비전이 있는지 분기별로 한 번씩 점검해야 해요. 모든 목원이 목장 이름의 뜻과 비전을 알고 있는 것과 그렇지 않은 것에는 큰 차이가 있어요. 분기별로 엠티를 계획하고 목장의 비전을 다시 한 번 공유하며 기도하는 시간을 가져야 해요.

둘째, 오랫동안 목원의 변동이 없는 목장일수록 금방 활력을 잃어요. 당장은 어렵더라도 우리 목장이 또 다른 목장으로 배가 될 수 있도록 계획을 세워야 해요. 목장모임을 할 때 항상 빈자리 하나를 남겨두어 전도에 대한 기대와 그 자리가 채워지는 기쁨을 함께 나눌 수 있도록 해요.

셋째, 목자가 너무 바쁜 것에 주의해야 해요. 목자는 기본적으로 1인 1사역을 추구해요. 많은 사역을 감당할 수 있다는 것은 귀한 일이지만 목자가 너무 많은 사역을 감당하면 그만큼 목장에 들어가는 에너지가 분산되고 맙니다.

넷째, 목원들을 각자의 은사에 맞게 교회의 다양한 사역에 적극 참여시켜야 해요. 다양한 사역을 통해 자신의 재능을 발전시키고 관계를 늘리는 것은 교회 정착과 성장에 큰 영향을 줍니다.

다섯째, 또래별 모임을 개발하고 적극적으로 참여할 수 있도록 독려하여 목원들이 관계를 넓힐 수 있도록 도와줘야 해요. 다만 지나치게 재미만 추구해서 본질을 잃지 않도록 해야 해요.

7. 목자의 경건생활

열심히 사역하다 보면 자칫 놓치기 쉬운 것이 개인 경건입니다. 짧은 시간 동안은 차이가 없을지 몰라도 결국은 목자의 영성이 목장의 영성과 직결돼요. 목자의 수준을 뛰어넘는 목원은 없어요.

1) 성경읽기

매일 목표를 정해놓고 단 한 장이라도 꾸준히 읽습니다. 개역개정판이 어렵다면 쉬운성경, 메시지 성경 등 비교적 편한 번역이라도 읽도록 해요. 성경을 읽지 않으면 사람은 누구나 자기 생각을 따라가게 돼요.

2) 기도

기도하지 않는 것은 하나님의 도우심이 필요치 않다고 말하는 것과 같다는 말이 있어요. 우리는 경영자가 아님을 명심해야 해요. 하나님의 양무리를 돌보는 일을 위임받은 사람들이에요. 특별히 중보기도는 사랑하는 마음이 없이는 지속할 수 없어요. 정말 기초적인 것부터 하나님의 깊은 뜻까지 알 수 있는 유일한 길은 하나님과의 친밀함, 기도뿐이에요.

3) 경건생활

날마다 말씀을 묵상하는 삶은 목자에게 하루 식사 그 이상의 의미가 되어야 해요. 목자는 양을 이끌 수 있는 능력을 하나님으로부터 받는 사람임을 기억하고 날마다 경건생활을 점검해야 합니다.

젊은이 목양의 꿈

목양자에게는 하나님의 꿈과 연결되는 비전이 있어야 해요. 이 비전이 있을 때 발걸음에 힘이 있고, 새로운 아이디어가 생기며, 활력이 넘치지요. 또 크고 작은 위험을 뛰어넘을 수 있는 용기가 생깁니다. 사도 바울의 꿈은 곧 예수 그리스도의 사명, 복음 증거였어요. 바울은 이 꿈을 자신의 푯대로 삼았습니다.

내가 달려갈 길과 주 예수께 받은 사명 곧 하나님의 은혜의 복음을 증언하는 일을 마치려 함에는 나의 생명조차 조금도 귀한 것으로 여기지 아니하노라 _행 20:24

푯대를 향하여 그리스도 예수 안에서 하나님이 위에서 부르신 부름의 상을 위하여 달려가노라 _빌 3:14

복음이야말로 우리가 바라봐야 할 궁극적 꿈입니다.

목양의 대상자는 누구인가요? 우리의 주 대상은 영적 침체에 빠진 사람들임을 기억해야 해요. 그러므로 우리의 사역은 나 자신이 아닌 양 떼를 중심에 둔 사역임을 명심해야 해요. 무리가 아닌 한 영혼을 바라봐야 해요. 그러나 또한 조심해야 할 것은 사역의 열매나 결과에 너무 집착하지 말아야 한다는 점이에요.

정신적인 어려움을 호소하는 청년들을 만나면서 교회가 그들을 치유하지도, 직접적인 도움의 손길을 내밀지도 못할 때 참 마음이 아파요. 젊은이들을 목양하면서 절망스러운 일을 많이 만나곤 하죠. 땀 흘리고 시간과 물질을 들여 사랑을 해줬건만 열매가 없으면 낙심하기도 해요. 하지만 시간이 지날수록 나의 힘으로 감당할 수 없는 사역임을 자주 고백하게 됩니다. 조급함과 자고함은 마귀의 덫이에요. 답답해질 때 하나님의 꿈을 바라보아야 합니다.

당년에 거두려거든 곡초를 심고
십년에 거두려거든 나무를 심고
백년에 거두려거든 사람을 심고
영원히 거두려거든 복음을 심으라[2]

일립(一粒) 강태국 박사님이 《나의 증언》에 쓰신 내용이에요. 1950년대 전쟁으로 폐허가 된 조국을 바라보며 외친 말입니다. 우리의 사역이 지금은 미천해 보이고, 한두 사람을 붙들며 씨름하는 것이 미련해 보여도 그 일은 영원히 거두는 복음을 심는 일이랍니다. 우리의 귀한 목양을 통해 천하보다 귀한 한 영혼이 살아날 수 있다면, 그것만으로도 하나님께 영광이 될 것임을 확신합니다.

---

2 강태국, 《나의 증언》(성광문화사, 1988), p. 214.

많은 목회자들이 양육과 관련된 세미나를
듣고 배우는데 왜 그것을 교회에 정착시키는 데
어려움을 겪고 있을까요?
바로 양육을 하는 의도와 동기가
바르지 않기 때문이에요.

3장

작은 교회의 양육,
이렇게 하라!

내가 너희에게 분부한 모든 것을 가르쳐 지키게 하라
볼지어다 내가 세상 끝날까지 너희와 항상 함께 있으리라 하시니라

마태복음 28:20

01
교회 건강의 핵심, '양육 과정'

　개척교회와 중소형교회는 성도들을 어떻게 양육해야 할지 많이 고민합니다. 양육을 하고 싶어도 어떻게 해야 할지 막막하기만 해요. 그렇다고 해서 대형교회의 양육과 훈련 시스템을 그대로 가져다가 사용할 수 있을까요? 규모와 환경이 다르기 때문에 무리가 있습니다.

　대형교회는 수평이동이 많아요. 새가족이라고 해도 다른 교회에서 이미 기본적인 양육과 훈련을 받고 온 경우가 많지요. 그렇기 때문에 큰 교회에서는 기초 양육을 받은 후 바로 제자훈련 과정에 들어가 훈련받는 것이 가능합니다. 그러나 대부분의 개척교회, 미자립교회는 그럴 수 있는 상황이나 환경이 아니지요. 개척교회는 수평이동한 신자보다 전도를 통해 처음 교회를 나온 초신자의 비율이 상대적으로 높은 편이에요. 물론 작은 교회라고 해서 꼭 초신자만 오는 것은 아닙니다. 교회에서 상처를 받았거나, 건강한 작은 교회를 꿈꾸며 등록하는 사람들도 있죠.

작은 교회에서는 당장 제자훈련 과정을 시작하는 것보다 기본적인 양육을 제공하여 성도들이 신앙적으로 성장할 수 있도록 충분한 시간을 가져야 해요. 어떤 면에서 작은 교회는 훈련 과정보다 양육 과정이 더욱 절실합니다. 그렇기 때문에 대형교회의 방식이 아닌 중소형 교회와 개척교회에 적합한 모델을 만들어 나가야 합니다.

양육을 어떻게 하느냐에 따라서 제자훈련 과정이 순조롭게 연결되기도 하고 그렇지 않기도 해요. 그러므로 개척교회나 기존의 중소형교회에서 제자훈련 목회를 하기 위해서는 양육의 과정을 견고하게 세우는 것이 중요해요. 양육이 부실하면 훈련까지 갈 수도 없을뿐더러 훈련을 하더라도 부실한 훈련이 될 가능성이 높기 때문이지요. 그렇다면 개척교회나 작은교회는 어떻게 양육을 준비해야 할까요?

양육, 반드시 필요한가?

무엇이든지 그것을 해야 하는 진정한 이유를 알지 못하면, 다른 말로 해서 동기부여가 되지 않으면 끝까지 지속할 수 없어요. 교회는 왜 양육을 해야 할까요? 여러분은 왜 양육에 관심을 가지고 있나요? 양육이 교회부흥과 성장을 가지고 올 수 있다는 결과론적인 생각 때문인가요? 그것이 동기라면 시작부터 잘못된 거예요.

많은 목회자들이 양육과 관련된 세미나를 듣고 배우는데 왜 그것을 교회에 정착시키는 데 어려움을 겪고 있을까요? 바로 양육을 하는 의도와 동기가 바르지 않기 때문이에요.

제자훈련이 교회의 프로그램이 될 수 없듯이 양육 또한 프로그램으로 생각해서는 안 돼요. 말씀 양육은 교회를 영적으로 건강하게 만드는 가장 본질적이면서도 기본적인 과정이기 때문입니다. 양육은 교회의 부흥을 위해서 하는 것이 아니에요. 양육을 하면 성도들이 목회자에게 순종하기 때문에 하는 것도 아니에요. 교회에서 직분을 받고, 리더가 되기 위한 코스이기 때문에 하는 것도 아니에요. 양육은 성도와 교회의 건강한 신앙을 위해 하는 것입니다. 이것은 전혀 어려운 이야기가 아니에요. 상식적인 이야기죠.

예를 들어 한 집안에 아기가 태어나면 어떻게 하나요? '알아서 잘 자라겠지' 하고 방치하는 부모가 있나요? 아마도 정상적이고 상식적인 부모라면 그러지 않을 거예요. 부모가 자녀를 방치하는 행위를 무엇이라고 하죠? '아동학대'라고 해요. 부모는 아이가 성인이 되기까지 연령에 맞게 필요한 환경과 교육을 제공해야 합니다. 건강한 인격체로 자랄 수 있도록 도와주어야 할 의무와 책임이 있어요.

이 과정을 단계별로 구분하면 '양육, 교육, 훈련'이라고 할 수 있어요.

아이가 어렸을 때는 '양육'을 해요. 그리고 아이가 커가면서 그 연령에 맞는 '교육'을 해요. 그리고 아이가 장성하면 그때부터는 어떤 고난도 뚫고 나갈 수 있도록 강하게 '훈련'시켜요. 그렇게 해야 성인이 되었을 때 자기가 속한 그룹이나 공동체 안에서 그리고 사회 속에서 자기의 역할을 감당할 수 있기 때문이죠.

마찬가지로 한 사람이 그리스도인으로 거듭난 후 온전한 하나님의 사람으로 자라가려면 단계별 양육 과정이 반드시 필요해요. 초신자 때는 기본적인 양육이 필요하지요. 또한 성장하는 과정 속에서 그 사람의 수준에 맞는 교육이 필요해요. 그리고 리더로서 자신의 역할을 감당하려면 그에 맞는 훈련 또한 반드시 필요하죠. 그렇다면 양육 과정의 가장 중요한 도구는 무엇일까요? 디모데후서 3장 16절은 이렇게 말씀하고 있어요.

> 모든 성경은 하나님의 감동으로 된 것으로 교훈과 책망과 바르게 함과 의로 교육하기에 유익하니 _딤후 3:16

여기에서 말하는 "교훈과 책망과 바르게 함과 의로 교육함"이 바로 양육의 단계예요. '교훈'은 어린아이에게 그 연령에 맞는 가르침을 주는 것을 말해요. '책망'은 가르침에 따르지 않았을 때 말로 훈계하는 것을 뜻해요. '바르게 함'은 말로 훈계했음에도 따르지 않을 때, 회초리를 대서 바르게 훈육하는 것을 의미해요. 마지막으로 '의로 교육한다'는 것은 이러한 가르침을 받고 성장한 사람에게 그 나이에 맞는 교육을 제공하는 것을 말해요. 즉, 아이를 교육할 때도 단계별 양육이 필요하듯 성도를 하나님 앞에서 세워가기 위해서는 단계별, 수준별, 체계적 양육이 반드시 필요합니다. 이어지는 디모데후서 3장 17절은 말씀을 볼까요?

> 이는 하나님의 사람으로 온전하게 하며 모든 선한 일을 행할 능력을 갖추게 하려 함이라 _딤후 3:17

본문에서는 하나님의 말씀인 성경으로 교훈하고, 책망하고, 바르게 하고, 의로 교육하는 이러한 과정을 통해서 한 사람이 하나님의 사람으로 온전하게 된다고 말씀하고 있어요. 이것이 성경의 원리이지요. 말씀으로 양육되고 훈련된 사람은 모든 선한 일을 행할 능력을 갖추게 돼요.

그런데 그동안 한국교회는 어떻게 해왔나요? 양육하지 않았어요. 예배에 잘 참석하고, 헌금 열심히 내고, 봉사의 자리에 자주 보이면 바로 직분을 주고 일을 시키고 사역을 맡겼어요. 순서가 잘못된 거예요. 선한 일을 행할 수 있는 능력은 어디에서 나오죠? 하나님의 사람으로 온전하게 되는 데서 나와요. 그렇다면 어떻게 해야 하나님의 사람으로 온전하게 될까요? 하나님의 말씀으로 양육되어야 해요. 그 시기에 걸맞은 양식을 공급하여 말씀 안에서 건강한 한 사람의 그리스도인으로 성장하고 성숙해 가도록 도와야 하는 것이죠. 그러나 지금까지 우리는 이 순서를 지키지 않았고, 이러한 원리도 알지 못했어요. 아니, 어쩌면 알았지만 실천하지 못한 것일 수도 있어요.

그런 이유로 교회를 오래 다녔어도 말씀에 대한 기본적인 확신이나 깨달음조차 없는 성도가 많아요. 이런 성도들이 교회의 리더가 되면 다른 사람도 죽이고, 본인 역시 죽이고 말아요. 더 나아가서는 교회를 무너뜨리는 역할을 하기도 하죠. 이것이 지금 우리 한국교회의 현실이고 비극입니다.

양육이나 훈련이 필요하지 않다고 말하는 목회자들이 종종 있어요. 양육목회를 비효율적이고 어리석은 목회로 보는 경우도 있습니다. 설교나 심방만으로도 얼마든지 목회가 가능하다고 생각하지요. 물론 설교나 심방이 중요하지 않다는 말은 아니에요. 그러나 설교와 심방이 목회의 전부는 아니거든요. 목회자들 중에 한두 편의 설교로 사람을 변화시킬 수 있을 정도의 탁월한 은사와 능력을 가진 사람이 얼마나 될까요? 물론 그런 사람이 있을 수 있죠. 그러나 그런 설교자는 100년에 한 번 나올까 말까 해요. 수만 명, 수십만 명 중에 한 사람 있을까 말까 해요. 설교와 적절한 심방이 성도들을 회복시키는 일에 유익하고 중요한 일이라는 사실은 부인할 수 없어요. 그러나 양육과 훈련이 없으면 교인은 될 수 있어도 성숙한 제자의 삶을 살아가는 말씀의 사람은 될 수 없습니다.

어떤 분이 저에게 이런 질문을 한 적이 있어요. "교인들을 양육하고 훈련시키면 다 변화가 되나요?" 물론 그렇지 않아요. 그러면 목회가 얼마나 쉽겠어요. 양육과 훈련을 받았지만 변하지 않는 사람도 분명 있어요. 오히려 훈련 코스를 거쳤다는 것이 교만의 이유가 되어 제자훈련의 이미지를 흐릴 수도 있어요. 그러나 지금까지의 경험에 비추어보면 말씀으로 양육하지 않는 것보다는 하는 것이 몇 배는 낫다고 생각해요. 그래서 누군가 제게 "다시 개척하거나 목회를 시작한다고 하더라도 양육과 훈련을 할 것이냐?"고 묻는다면 저는 조금도 주저하지 않고 "그렇다"고 대답하겠어요.

양육에 대한 철학

교회 개척을 포함하여 목회를 한다고 할 때, 필요한 것 중 하나가 바로 목회철학이에요. 철학 없이 목회를 하는 것은 기둥이 없는 집을 짓는 것과 같아요. 기둥이 없는 집을 상상할 수 있을까요? 아마도 그 집은 태풍을 견뎌내지 못할 거예요. 마찬가지로 철학이 없는 목회는 기둥 없는 집처럼 어려움을 견뎌내기 힘들어요.

목회철학을 형성하는 중요한 질문 중 하나는 바로 '목회자 자신이 교회를 어떻게 보느냐'예요. 그 답에 따라 목회의 방향이 완전히 달라지기 때문이죠. '교회를 어떻게 보느냐, 교회가 무엇이냐?'에 대한 생각을 우리는 바로 교회철학 또는 목회철학이라고 해요. 만약 목회자가 교회를 건물로 본다면 목회는 교회 건물을 짓는 것에 초점이 맞추어질 거예요. 화려한 교회 건물을 짓는 것이 목회의 방향이 될 것이고, 그 교회 건물을 어떻게 지을 것인가가 목회전략이 될 거예요. 그러나 목회자가 교회를 사람으로 본다면 목회는 사람을 세우는 일이 될 테고 그것이 목회철학이 되겠지요. 그러면 교회인 사람을 세우기 위해 말씀으로 사람을 양육하고 훈련하게 될 거예요. 여기에서 목회의 전략이 나와요.[1]

그러므로 교회의 양육 과정은 하나의 프로그램이기 이전에 교회의 본질이고, 교회 자체인 성도들을 건강하게 세워나가기 위한 목회 방법과 전략이라고 할 수 있어요. 그래서 다른 교회의 양육 과정을 철학이나 전략에 대한 고민 없이 무분별하게 가져다 사용하는 것은 지혜롭지 못해요.

지금 내가 하려는 양육의 도구가 현재 내가 섬기고 있는 교회의 목회적 토양과 잘 맞는지 또한 우리 교회가 그런 면에서 잘 준비되어 있는지 먼저 고민해야 해요. 현재 내가 하려는 그 양육이 우리 교회의 목회철학과 잘 맞는지 생각해보아야 합니다.

최근에 한 목회자의 이야기를 전해 들었어요. 그는 기존 교회에 청빙을 받아 목회를 시작했어요. 그러나 교회에서 권력을 행사하는 몇몇 사람들 때문에 말할 수 없는 어려움에 빠졌어요. 많은 공격을 받기도 했지요. 여러 번의 소송을 거치면서 양쪽 모두 힘이 빠졌고, 결국 몇 년 후 목회자를 공격하

---

1 이 부분에 대해서는 《미쳐야 미친다》(넥서스CROSS, 2019) 128~130쪽에서 자세히 언급했다.

고 힘들게 하던 사람들이 교회를 나가게 되면서 일단락됐어요. 목회자는 분위기를 새롭게 하기 위해 양육 훈련을 하겠다고 선포한 후 곧바로 훈련을 시작했어요. 그런데 교회는 다시금 생각지도 못한 또 다른 어려움에 직면했어요. 아무런 목회철학이나 전략도 없이 건강하지 못한 형태의 양육과 훈련 과정을 무분별하게 도입하면서 교인들에게 불만이 생긴 것이죠. 이 일로 성도 중 일부는 목회자와 갈등을 겪었고 결국 교회를 떠나기 시작했어요. 특별히 이 일이 심각했던 이유는 어려웠던 시기에 목회자의 편에서 그를 지지해주었던 교인들이 나갔기 때문이에요.

훈련도 중요하고, 양육도 중요하지만, 그 자체가 중요한 것은 아니에요. 교회의 상황을 고려하지 않고 시작하면 프로그램이 되고 맙니다. '그것을 왜 하느냐?'에 대한 질문에 목회자가 먼저 스스로 답할 수 있어야 해요. 양육이나 제자훈련을 단지 교회의 분위기를 바꾸는 도구로 사용해서는 안 돼요. 교회를 부흥시키거나 성장시키기 위한 목적으로 시작해서도 안 돼요.

어쩌면 당장 교회 성장과 부흥을 원한다면 양육과 훈련 목회는 맞지 않을 수 있어요. 양육과 훈련은 당장 어떤 효과를 보기 위한 것이 아니라, 교회를 건강하게 말씀으로 목회하는 데 초점을 맞추기 때문에 '기다림'이 필요합니다.
그럼에도 불구하고 성도들을 말씀으로 세워나가는 이 좁은 길을 걸어가는 이유는 이것이 목회의 본질이기 때문이에요.

저는 개척을 하려고 마음 먹었을 때부터 목회의 방향을 양육과 훈련에 두었어요. 지금 생각해보면 큰 모험이었어요. 왜냐하면 양육과 훈련을 통해 성도를 세우고, 교회를 세우는 것은 오랜 시간이 걸리는 일이거든요. 당장 열매가 열리지 않을 수도 있어요. 최소한 2년, 많게는 3년의 시간을 투자해야 그제서야 열매를 조금씩 맺기 시작해요. 그것이 양육과 훈련 목회예요. 그런데 개척교회는 주어진 시간이 그리 많지 않아요. 3년 안에 뭐든 결과를 만들어내야 한다는 부담감과 조급함이 목회자를 괴롭히죠. 그래서 이벤트나 눈에 보이는 부흥회, 간증집회를 통해 사람을 불러 모으는 데 목회의 초점을 맞추기 쉬워요.

그러나 여기서 한 가지 기억해야 할 것이 있어요. 여러 모양의 이벤트성 집회를 통해 교회에 왔다고 해도 그 사람이 반드시 교회에 정착하지는 않는다는 거예요. 즉, 거품일 수 있다는 거죠. 그들이 지속적으로 교회에 나오고, 그 사람들이 성도로, 제자로 세워지는 건 또 다른 문제예요. 그래서 양육이 필요한 것이지요. 시간이 더디더라도, 상황이나 환경이 다급하다고 할지라도, 마음의 여유를 가지고 계속 양육을 해나갈 수 있어야 해요. 그러기 위해서 목회자에게 반드시 필요한 것이 바로 양육에 대한 철학입니다. 그래야만 흔들림 없이 양육 목회를 할 수 있어요.

02
양육의 실제

　건강한 목회철학을 갖고 양육을 시작하려고 해도 어디서부터 시작해야 할지 막막하기만 한가요?

　이번 장에서는 푸른나무교회를 개척하여 지금까지 어떻게 양육을 해왔는지 그리고 현재 어떤 양육 과정들이 이루어지고 있는지 설명하려고 합니다. 그리고 개척교회와 중소형교회에 접목할 수 있는 노하우를 소개하겠습니다.

　개척교회든 기존 교회든 양육을 하기 위해 우선적으로 요구되는 것은 바로 토양화 작업이에요.

토양화 작업

새로 개척하는 교회라면 초기부터 개척 멤버들과 '양육과 훈련이 교회의 본질'이라는 것을 지속적으로 나누어야 해요. 교회의 방향성이 말씀 양육에 있다는 것을 설교와 나눔을 통해 지속적으로 주지시키는 것은 무척이나 중요한 일입니다. 개척 멤버들이 이 생각을 확실히 담임목사와 공유할 수 있어야 해요.

기존 교회가 양육과 훈련 목회를 시작하려면 더 오랜 토양화 작업이 필요할지도 몰라요. <u>아무리 좋은 꽃과 나무라도 토양이 달라지면 병들고 죽을 수 있는 것처럼, 아무리 좋은 양육이라고 해도 교인들의 신앙적 토양이 양육이나 훈련에 맞지 않는 상태라면 부작용이 일어날 수도 있다는 것을 명심해야 합니다.</u>

그러므로 당장 양육에 들어가는 것보다는 양육과 훈련에 대한 동기를 부여할 수 있는 시간을 먼저 갖는 것이 좋아요. 설교나 기도회 그리고 리더들과의 나눔 속에서 지속적으로 양육과 훈련 목회에 대한 필요성을 강조하고 그들을 설득해야 해요. 교인들 사이에 양육과 훈련에 대한 필요성이 어느 정도 공감대를 얻게 됐을 때 시작하는 것이 좋습니다. 물론 무작정 기다리고만 있을 수는 없지요. 목회자가 그 타이밍을 잘 관찰하여 100퍼센트가 아니라 할지라도 어느 정도 분위기가 무르익었다고 생각되면, 먼저 리더 그룹을 중심으로 양육과 훈련을 시작하는 것이 좋아요. 양육의 필요성에 대해 '교인들이 동의하고 따라올 수 있는 토양을 만드는 것'이 양육을 시작하는 교회가 해야 할 첫 번째 과제입니다.

푸른나무교회는 열두 명의 멤버와 함께 개척했어요. 초기부터 교회의 목회철학과 목회의 방향을 분명히 했고 설교와 회의, 대화를 통해 지속적으로 양육과 훈련의 필요성을 강조했습니다. 그리고 우리 교회가 양육과 훈련 중심의 교회로 세워져갈 것임을 반복해서 강조했죠. 개척 멤버들의 마음속에 이러한 철학을 심어주고 공유하는 데 많은 노력을 기울였어요.

열두 명 모두 기존 교회에서 개척을 위해 합류한 사람들이기 때문에 각자 신앙의 색깔이나 스타일, 습관이 달랐어요. 그러나 어느 정도 시간이 지나면서 개척 멤버들은 담임목사인 저의 목회철학과 방향에 동의해 주었어요. 물론 모든 사람이 동의했던 것은 아니었죠. 동의하지 못한 가정은 얼마 지나지 않아 교회를 떠났고 원래의 교회로 돌아갔어요. 그렇다 할지라도 양육에 대한 목회철학을 양보할 수 없었고 놓칠 수 없는 부분이었기에 그러한 대가를 감수할 수밖에 없었어요. 이것이 안 된다면 제가 개척을 하는 의미가 없었기 때문이에요. 말씀 양육을 통해 건강한 교회를 세우는 것, 그것이 제가 개척교회를 시작한 이유였으니까요. 그렇게 푸른나무교회의 양육은 시작되었지요.

푸른나무교회의 두 가지 양육 과정

현재 푸른나무교회에서 진행하는 양육은 모두 두 가지 과정으로 이루어져 있어요. 첫째는 단계별 양육 과정이고, 둘째는 오픈 양육 과정이에요.

첫째, 단계별 양육 과정은 새가족이 교회에 등록하는 시점부터 시작해서 훈련 과정에 들어가기 전까지의 단계를 말해요. 여기에 해당되는 양육 과정은 새가족반, 확신반, 성장반, 성경공부 과정이 있어요. 초신자에게는 신앙의 기초를 단단하게 하고, 더 나아가서는 믿음이 지속적으로 성장할 수 있도록 돕는 데 그 목적이 있어요. 또한 기존에 다른 교회에서 신앙생활을 했던 사람들일지라도 다시 한 번 신앙을 점검하고 공동체 안에 들어와 일체감을 갖게 하는 데 도움을 줍니다. 이 과정을 통해 새로 등록한 성도들이 교회에 안정적으로 적응하고 정착하게 되었죠.

양질의 양육은 성도들이 하나님의 마음을 품게 하고, 교회를 마음에 품게 하여 잘 정착할 수 있게 해줍니다. 성도들의 교회 정착은 양육에 달렸다고 해도 과언이 아니에요.

그리고 성장반 성경공부 과정까지 마친 사람들은 자원자에 한하여 자연스럽게 제자훈련 과정으로 이어지게 돼요. 《미쳐야 미친다》(넥서스Cross, 2019)에서도 언급했듯이 양육과 훈련은 분명히 구분해야 돼요. 양육은 양육답게, 훈련은 훈련답게 해야 합니다. 이 구분이 사라지면 양육과 훈련의 열매를 기대하기 어려워요.

많은 교회가 양육과 훈련을 하는 데 큰 유익을 얻지 못하는 이유는 양육을 양육처럼 하지 않고, 훈련을 훈련답게 하지 않기 때문이에요. 다시 말해서 양육을 훈련같이, 훈련은 양육같이 하기 때문이지요.

양육과 훈련은 분명히 다릅니다. 훈련의 목적은 삶의 변화에 있어요. 삶의 변화는 인격의 변화를 말합니다. 인격의 변화는 습관의 변화에서 오는 거예요. 훈련 과정은 바로 한 사람의 인격적 변화에 관심을 가져요. 그 인격의 변화를 위해 훈련자의 습관을 바꾸어주는 것이지요. 말씀을 대하는 습관, 기도하는 습관, 예배하는 습관, 말씀을 삶으로 살아나가는 경건의 습관을 함께 훈련해 나가죠. 그래서 종교인이 아니라 한 사람의 성도로, 예수 그리스도의 제자로 이 세상을 살아가도록 돕는 것이 바로 훈련의 과정이에요.

때론 목사로서 제가 훈련을 인도할 자격이 있는지 고민이 들 때도 있어요. "예수님의 제자가 되자!", "예수님을 닮아가자!"라고 외치지만 저 스스로 얼마나 예수님을 닮아가고 있는가를 생각하면, 부족하고 자격이 없다는 생각이 들기 때문이에요. 그럼에도 불구하고 훈련 과정을 진행하는 것은 내가 성도들보다 더 나아서가 아니라, 함께 예수님을 닮아가는 자리로 나아가기 위해서예요. 그러다 보면 언젠가는 예수님의 모습을 조금이라도 더 닮게 되지 않을까요?

둘째, 오픈 양육 과정은 조금 생소하게 들릴지 모르겠지만 이름에서도 알 수 있듯 이 과정은 푸른나무교회 성도가 아니라도 누구나 참여할 수 있는 과정이에요. 예를 들어 교회에는 출석하지 않지만 성경을 배우고 싶어하는 구도자들, 교회를 다니다가 실족하여 교회에 나가지 않는 가나안 성도들, 본인이 출석하고 있는 교회에 양육 과정이 없어서 말씀과 양육에 갈급한 타 교회 성도들을 위해 주중에 교회 공간을 오픈하여 성경공부를 하고 있어요. 이것을 오픈 양육 과정이라고 해요.

어떤 분들은 이런 모임에 누가 오겠냐고 말하기도 하지만 의외로 많은 이들이 이러한 오픈 양육 과정에 관심을 보입니다. 사실 저도 예상하지 못한 일이었죠. 개척 초기부터 오픈 양육 과정을 진행했는데, 교회에 다니지 않는 많은 사람들이 찾아와 성경을 공부하며 교회에 정착하기도 했고, 교회를 바라보는 시선이 바뀌기도 했어요. 또 교회에 대한 좋은 소문을 내주기도 했죠. 아마도 푸른나무교회가 말씀을 양육하는 교회로 소문나게 된 것도 이 양육 과정 때문 아니었을까 생각해요.

　푸른나무교회에서 진행하는 오픈 양육 과정에는 구약성경대학(5개월), 신약성경대학(4개월), 중보기도학교(4개월), 큐티학교(1개월), 마더와이즈(회복, 자유, 지혜), 소통과 공감(5개월), 피플퍼즐 세미나(3주), 목적이 이끄는 삶 세미나(7주), 야베스의 기도 세미나(8주), 구약 파노라마(4주), 신약 파노라마(4주) 과정들이 있어요.

　오픈 양육 과정의 장점은 새가족이나 초신자가 교회 출석이나 등록에 대한 부담 없이 편하게 찾아올 수 있다는 것, 또 그렇게 자주 교회 예배당에 오다 보면 교회 공간이 점점 익숙해지고 편안해져서 예배에 참석하는 것도 낯설지 않게 된다는 것입니다. 그리고 의외로 우리 주위에는 말씀에 갈급해하는 사람들이 많다는 것을 알게 되었죠. 이 과정을 진행하면서 저는 아직도 교회는 말씀이 본질이고, 이 본질을 놓치지 않을 때 말씀의 부흥을 기대할 수 있음을 다시금 확신하게 되었어요. 자, 그럼 이제 지금부터 본격적으로 푸른나무교회의 양육을 자세히 살펴보도록 해요.

1. 실전, 단계별 양육 과정

1단계: 새가족반 성경공부(크리스천 베이직Ⅰ)

　새가족반은 교회에 처음 나온 사람 또는 교회에 등록한 사람을 대상으로 진행하는 과정이에요. 운영하는 방식에는 '상시적으로 운영'하는 방법과 '정기적으로 모집'하여 운영하는 방법이 있는데, 푸른나무교회에서는 정기적으로 1년에 4~6회 정도 모집하여 운영하는 방식을 취하고 있어요. 상시적 운영 방식은 매주 다른 과를 진행하다가 새가족이 등록하면 들어오는 주간에 진행되는 진도에 참여시키고, 전체 과를 다 공부하면 수료하는 방식이에요. 푸른나무교회는 이 방식을 사용하지 않아요. 작은 교회는 매주 새가족이 나오는 환경이 아니기 때문에 이 방법은 작은 교회와는 잘 맞지 않을 수 있어요. 매주 새가족이 등록하는 교회라면 각 과를 로테이션으로 반복해서 운영해도 되겠어요.

푸른나무교회에서는 2개월이나 3개월에 한 번씩 정기적으로 새가족반을 모집합니다. 가능하면 최소 다섯 명, 많게는 여덟 명을 넘지 않는 인원으로 소그룹을 구성해서 진행하고 있어요. 현재 푸른나무교회의 새가족반은 30기까지 수료한 상태예요.

새가족반 성경공부는 5주 과정으로 구성되어 있는데, '복음과 구원'에 초점을 두고 있어요. 우리는 이 과정에서 처음 교회에 온 사람들이 복음을 잘 전해 듣고 결신할 수 있도록 초청하고 있어요. 새신자가 예수님을 자신의 구주로 고백하는 소중한 시간이지요.

새가족반은 교회 안에서 가장 생명력이 넘치는 과정이라고 할 수 있어요. 새생명이 태어나는 영적 분만실입니다. 새가족반을 인도하면서 배우는 사람들뿐 아니라 인도자 역시 복음으로 뜨거워지는 시간이기도 해요. 눈물과 감격이 있는 시간이지요. 이 과정은 교회에 등록하는 모든 성도가 반드시 거쳐야 하는 의무 과정입니다. 심지어 다른 교회에서 장로 혹은 권사, 안수집사였다 하더라도 푸른나무교회에 등록하면 복음을 다시 배워야 해요.

그들이 복음과 구원을 모르기 때문이 아니라, 다시 한 번 기쁨과 감격을 회복하고 누릴 수 있는 기회를 주기 위함입니다.

그래서 저는 새가족반을 모집할 때, 교회에 처음 온 사람뿐 아니라 이미 수료한 사람일지라도 복음의 기쁨과 감격, 은혜를 새롭게 회복하기 원한다면 언제든지 다시 들어와서 공부해도 좋다고 광고해요. 그래서 성도들 중에는 이미 새가족반을 수료했지만 다시 들어와 공부하는 사람이 있어요.

푸른나무교회는 기본적으로 다른 교회에서 오는 항존직(장로, 권사, 안수집사)의 등록을 받지 않아요. 그러나 어쩔 수 없는 경우 먼저 면담을 하고 등록 여부를 결정하는데, 그때 가장 중요하게 생각하는 것이 바로 본 교회에서 진행하는 양육 과정에 성실하고 겸손하게 따라올 수 있는가에 대한 여부예요.

7년의 시간이 지났지만 지금도 이 과정만큼은 담임목사인 제가 직접 인도하고 있어요. 부교역자를 믿지 못해서가 아니라 이 과정이 갖는 중요성 때문입니다. 그리고 처음 교회에 출석한 새가족들이 처음 몇 주 동안 담임목사와 함께 말씀을 공부하면서 서로가 조금 더 친숙해질 수도 있고 교회에 대한 더 좋은 이미지를 쌓아가게 돼죠. 그리고 담임목사 입장에서도 큰 유익이 있어요. 새로 등록한 성도의 신앙 상태를 점검하여 앞으로 그들을 어떻게 목양해야 할지에 대한 방향을 정하는 데 큰 도움을 얻을 수 있기 때문이에요.

새가족반 성경공부가 중요한 이유가 하나 더 있어요. 그것은 바로 이 과정이 양육의 첫 단추라는 점입니다. 새가족반을 어떻게 마치느냐에 따라 다음 과정에 대한 기대감이 생길 수도 있고, 기대감이 사라질 수도 있어요.

예를 들어, 새가족반 성경공부를 통해 은혜를 받은 성도들은 자연스럽게 다음 양육에 대한 관심을 갖게 되고, 기대하는 마음으로 다음 과정을 신청해요. 그러므로 가능하다면 성도의 수가 많아져서 도저히 혼자 진행할 수 없는 정도가 아니라면 새가족반만큼은 담임목회자가 직접 인도하는 것을 권합니다.

2단계: 확신반 성경공부(크리스천 베이직II)

확신반 성경공부는 새가족반을 마친 다음에 진행하는 과정이에요. 5주간의 새가족반을 마친 성도 중 확신반에 들어가기 원하는 성도의 신청을 받아 4주간 진행합니다.

새가족반이 복음에 초점을 맞춘 과정이라면, 확신반은 이미 복음을 받아들이고 구원을 받은 성도들이 구원의 확신을 가지고 신앙생활을 하고 있는지 점검하고 자신이 받은 구원을 붙들 수 있도록 돕는 과정이에요. 확신반 교재는 1과 구원에 이르는 길, 2과 올바른 확신의 근거, 3과 새생명의 기쁨으로 구성되어 있어요.

확신반을 진행하면서 놀라웠던 것은 오랫동안 신앙생활을 한 사람들조차도 50퍼센트 정도는 여전히 구원의 확신이 없었고, 확신을 가지고 있는 사람들 중에서도 70~80퍼센트는 잘못된 확신의 근거를 가지고 있다는 사실이었어요. 그래서 저는 확신반 과정을 인도할 때마다 이 과정이 왜 교회 안에 꼭 필요한 과정인지를 새삼 깨닫게 됩니다.

푸른나무교회에서는 새가족반과 확신반을 기본 양육 과정으로 분류해요. 푸른나무교회의 기본 양육 과정에는 몇 가지 특징이 있습니다.

첫째, 기본 양육 과정은 양육과 훈련의 기초다.

집을 세울 때 가장 중요한 것은 '기초가 얼마나 튼튼한가'예요. 높이 올라가는 건물일수록 기초 공사를 하는 데 시간이 더 많이 걸리고 더 깊이 파야하는 것과 같습니다. 운동선수에게 가장 중요한 것은 고난도 기술이 아니라기본기예요. 기본기가 얼마나 잘 다져져 있는지에 따라서 발전 가능성이 무궁무진해지기 때문이죠. 그러나 기본기가 잘못 닦여 있으면 갈수록 힘들어집니다.

이와 마찬가지로 저는 신앙 역시 기본기를 잘 닦아야 한다고 생각해요. 처음에 잘못 배우면 두고 두고 힘들어요. 본인만 힘든 것이 아니라 다른 사람까지 힘들게 하는 일이 생깁니다.

둘째, 기본 양육 과정 수료식을 의미 있는 시간으로 준비해야 한다.

기본 양육 과정은 교회에 등록했던 성도가 공동체의 진정한 일원이 되는시간이라고 할 수 있어요. 물론 교회에 등록하는 순간 이미 교회의 식구가되었지만 이 기본 양육 과정을 마친 후에야 비로소 진정한 일원이 된다고할 수 있습니다.

푸른나무교회에서는 기본 양육 과정을 마치지 않으면 교회에서 아무것도 할 수 없어요. 다음 양육으로 이어질 수도 없고 사역을 맡을 수도 없어요. 아무리 가르치는 능력이 뛰어나다고 해도 이 과정을 마치지 않으면 교사로 임명하지 않습니다. 다른 교회에서 어떤 직분을 가지고 왔든지 이 과정을 마치지 않으면 직분도 사역도 맡기지 않아요. 이 과정은 온 성도가 함께 공유해야 하는 가장 기본적인 양육이에요.

셋째, 기본 양육 과정을 수료한 사람에게 세례를 베푼다.

푸른나무교회에서 세례를 받을 수 있는 조건은 교회 출석 기간이 아니에요. 바로 기본 양육과정의 수료 유무입니다. 이 과정에서 예수님을 영접하고 구주로 선언한 그리스도인이기 때문에 그것 하나만으로도 세례를 받기에 부족함이 없다고 생각해요. 일부러 일정 시간을 보내느라 구원의 기쁨과 감격이 가라앉은 후 세례를 베풀 필요가 없으니까요. 그래서 기본 양육 과정을 마친 성도들은 신앙의 고백을 통해 세례를 받을 수 있는 자격을 얻게 돼요. 이와 같은 구원의 감격과 은혜 속에 따끈따끈한 신앙고백과 간증이 있기 때문에 푸른나무교회의 세례식은 늘 뜨겁고 감격스러운 축제의 시간이 될 수밖에 없지요.

넷째, 새가족반과 확신반은 운영 방식에 차이를 두고 진행한다.

앞으로도 계속해서 언급하겠지만, 양육 과정이 한 단계 한 단계 올라갈 때마다 똑같은 방법으로 운영해서는 안 돼요. 내용은 물론이고, 운영 방식에도 차이를 두어야 합니다. 새가족반과 확신반은 기본 양육 과정 안에 속해 있지만 그 방식에는 약간의 차이가 있어요.

새가족반은 가능하면 성경공부에 대한 부담을 덜어주기 위해 교재에 모든 것을 다 실어 놓았어요. 참고가 되는 성경구절까지 하나하나 친절하게 소개하지요. 초신자들은 성경구절을 찾는 것이 아직 익숙하지 않으니까요. 그래서 교재만 들고 오면 모든 것이 해결 되도록 만들었어요. 새가족반에는 과제도 없고, 심지어는 필기도구까지 준비되어 있습니다. 어떤 부담도 느끼지 않고 재미있고 즐겁게, 의미 있는 시간을 보내는 데 초점을 맞추었죠.

그러나 확신반으로 단계가 올라가면 성도들에게 과제를 조금씩 내줍니다. 물론 전혀 부담스럽지 않은 과제들입니다. 하나는 성경에서 구절을 찾아 미리 적어오도록 하는 것이고, 다른 하나는 그 날 공부할 내용의 핵심이 되는 구절을 암송해오는 거예요. 지금까지 이 두 가지 과제를 해오지 않은 사람은 거의 없어요.

이렇게 하는 이유는 이 과정이 '단계별 양육'이기 때문이에요. 단계는 올라가는데 모든 과정을 같은 방식으로 진행하면 배우는 사람이 성장하기 어려워요. 우리가 아이를 양육할 때도 자녀의 연령과 수준에 맞게 난이도를 높여가는 것처럼 성도를 말씀으로 양육할 때도 수준을 높여가는 것이 효과적이에요. 그 대신 갑자기 부담을 느끼도록 하면 안 되고 부담을 느끼지 않는 정도에서 서서히 높이는 것이 좋아요.

확신반을 마친 후에 성장반에 가면 과제의 강도와 수준이 더 높아져요. 그래서 제자훈련반에 들어가게 될 때쯤에는 강도 높은 훈련을 소화할 수 있는 근육이 준비 되어 있죠. 운동을 할 때 처음부터 무리하지 않고 점점 강도를 높여가야 하는 것과 같은 원리예요.

3단계: 성장반 성경공부

성장반은 확신반을 마친 성도들이 세 번째로 배우는 단계별 양육 과정이에요. 개척 초기에는 이 과정이 없었고, 또 정상적으로 운영되지 못했어요.

기존 리더가 없는 상황에서 새가족이 들어오는 비율이 늘어나면서 오랜 시간 동안 리더를 훈련하는 것이 어려운 상황이었어요. 그래서 기본 양육 과정만 마치고 곧바로 제자훈련으로 연결하여 훈련을 했습니다.

기본 양육 과정은 그야말로 신앙의 기초를 배우는 과정이고 제자훈련은 예수님의 제자로 훈련하는 강도 높은 훈련 과정이기 때문에 이 둘 사이의 간격이 클 수밖에 없었죠. 그런데 제자반에 들어와도 아주 기본적인 성경 내용을 모르는 경우가 있었어요. 교회에 처음 나온 사람이 아니라 오랫동안 교회생활을 했던 사람조차도 그동안 주워들은 것(?)은 많은데 자신이 직접 성경을 읽고 공부하며 깨달은 것은 별로 없기 때문에 생긴 현상이죠. 그러니 처음부터 다 설명을 해야 했고 제자훈련에 필요한 내용보다 기본적인 것을 설명하는 데 더 많은 시간을 들여야 했어요. 또한 제자훈련에서 요구하는 과제와 훈련들을 따라오지 못하고 자신의 상황이나 한계를 호소하는 훈련생도 있었어요.

그래서 기본 양육 과정과 제자훈련 과정을 연결해줄 수 있는 새로운 과정을 만들어야겠다고 생각했습니다. 당시에 시작한 것이 바로 '성경대학'이었어요. 적어도 제자훈련에 들어오기 전에 성경 전체에 대한 이해와 더불어 최소한 일독은 하고 들어오게 하기 위한 것이었죠. 그래서 상반기에는 구약 성경대학, 하반기에는 신약 성경대학을 열어서 1년 동안 성경을 배우고 올라오는 과정을 성장반 과정으로 마련했어요. 우리는 이 과정을 통해 미처 생각하지 못했던 유익을 얻었습니다. 그에 대한 이야기는 오픈 양육 과정 부분에서 성경대학을 소개할 때 다시 언급하도록 할게요.

교회를 개척한 지 7년이 되는 해인 2019년부터는 성경대학이 아니라 정식으로 성장반 과정을 개설했어요. 기본 양육 과정의 연역적인 방법과 제자훈련의 귀납적인 방법을 연결하면서 다리의 역할을 할 수 있는 과정을 개설하고 '성장반', 다른 말로는 '예비 제자반'이라고 불렀어요. 이 과정으로 얻을 수 있는 유익은 제자반에 올라갈 수 있는 리더의 재목을 발견하고 제자반에서 훈련하게 될 기본적인 경건의 습관을 길러줌으로써 신앙의 근육을 키워줄 수 있다는 점입니다.

푸른나무교회의 성장반 과정에는 또 하나의 특색이 있는데 그것은 '일대일 양육'입니다. 사실 성장반은 정해진 시간, 정해진 장소에서 소그룹으로 진행하기 때문에 시간을 맞출 수 없는 사람은 참여하기가 어려워요. 그렇다고 작은 교회에서 같은 과정을 여러 반으로 개설할 수는 없었지요. 그러다 보니 시간이나 상황이 여의치 않은 성도들은 양육을 받을 수 있는 기회가 없는 거예요. 그래서 실시하게 된 것이 일대일 양육이었어요. 일대일 양육은 인도자와 동반자가 시간이나 장소에 구애받지 않고, 두 사람이 시간과 장소를 맞추어 일대일로 6개월간 양육하는 과정이에요. 물론 성장반 과정은 소그룹 안에 들어와서 소그룹의 특성을 익히고 이해하며 양육받는 것을 기본원칙으로 삼지만, 그렇지 못한 경우에도 양육에 대한 갈급함을 채우기 위해 일대일로 양육해요. 그리고 이 과정을 마치면 성장반을 수료한 것으로 인정하여 제자훈련반에 들어갈 수 있는 자격을 부여하고 있어요.

2. 실전! 오픈 양육 과정

푸른나무교회 양육의 두 가지 흐름은 단계별 양육과 오픈 양육이라는 것을 이미 설명했어요. 단계별 양육이 푸른나무교회에 등록한 성도를 단계적으로 성장시키기 위한 양육 과정이라면, 오픈 양육은 푸른나무교회 등록 성도뿐 아니라 누구에게나 오픈된 개방형 성경공부라고 할 수 있어요. 이 과정은 세 그룹의 사람들을 돕기 위한 거예요.

첫 번째, 신앙은 있지만 교회에 나가지 않는 사람들이에요. 교회를 개척했을 때, 그 지역에 신앙적으로 방황하는 사람들이 많다는 이야기를 들었어요. 목회자나 공동체에서 상처를 입고 교회에 나가지는 않지만 여전히 교회를 그리워하고 말씀을 배우기 원하는 사람들이 있다는 것이었죠. 그들에게 말씀을 배울 수 있는 기회를 제공하고 싶었어요.

두 번째, 예수님을 믿지 않아 교회에 다니지는 않지만 성경에 관심을 가지고 있는 사람들이에요. 그들이 성경 말씀을 통해 교회를 알아가게 하고, 교회에 대한 이미지를 바꾸어주고, 더 나아가서는 예수님을 믿는 사람이 되도록 돕고 싶었어요. 우리는 이 과정을 시작할 때 외부에 광고하거나 홍보하지 않았어요. 푸른나무교회에 속한 성도들의 헌신과 섬김이 있었기 때문에 가능했죠. 성도들이 그런 사람들을 잘 설득하고 권면하여 주중에 모이는 오픈 양육 과정의 성경 공부로 인도해왔어요. 그리고 그들과 함께 시간을 내어서 말씀을 배우며 섬겨주었기 때문에 가능한 일이었지요.

세 번째는 본인이 출석하는 교회에 양육 과정이나 말씀을 배울 수 있는 기회가 없어서 갈급해하는 성도들이었어요. 우리 교회가 있는 지역에 의외로 이러한 사람이 많았고, 목동 인근 지역이 아니라 광명, 영등포, 기타 지역에서 오는 사람들도 있었죠. 그들 중에는 말씀을 배우다가 푸른나무교회에 등록하고 싶다는 사람도 있었어요. 하지만 특별히 교회에 문제가 있거나 교회를 나와야 하는 이유가 없는 이상, 섬기는 교회에서 충성할 것을 권면했어요. 물론 다니고 있는 교회에 전혀 정착하지 못하고 신앙적으로 뿌리를 내리지 못하는 사람들에게는 기회를 열어주기도 했습니다.

처음에는 큰 기대를 가지지 않았지만 오픈 양육 과정은 푸른나무교회 성도들뿐 아니라 주위에 있는 사람들을 교회 안으로 들어오게 하는 데 큰 역할을 했어요. 지금 푸른나무교회에서 시행하는 오픈 양육 과정은 단기 세미나와 장기간 진행하는 양육 과정으로 나누어져 있어요.

장기간 운영하는 과정으로는 구약성경대학(5개월)과 신약성경대학(4개월), 중보기도학교(12주)와 소통과 공감 상담과정(15주)이 있고, 1일 혹은 한 달 이내의 단기 세미나로 운영하는 과정은 필요에 따라 수시로 열고 있으며 적어도 1년에 한 번 정도는 개설하여 성도들의 필요를 채워주고 있어요. 그러면 푸른나무교회에서 진행하는 오픈 양육 과정을 살펴보겠습니다.

1) 성경대학

성경대학 과정은 매년 3월에 개강하고 12월에 종강해요. 구약성경대학은 5개월(상반기), 신약성경대학은 4개월(하반기)로 진행하고 있어요. 이 과정을 처음 시작할 때는 교회의 성장반 과정을 대신할 수 있는 양육 과정으로 시작했으나, 후에는 누구나 성경을 배울 수 있는 열린 과정으로 운영했습니다. 사실 수많은 성경공부 과정이 있지만 막상 성경 자체를 배우는 과정은 많지 않아요. 그래서 1년 동안 성경 66권의 전체 흐름과 요지, 내용을 배우고 또 동시에 성경을 일독한다는 것은 성도들에게는 신선하면서도 매력적인 일이에요.

이 과정을 시작하면서 놀랐던 것은 개척교회에서 오전반에는 약 25명, 저녁반에는 5~10명이 모였다는 사실이에요. 그중에는 푸른나무교회 성도도 있었지만 타교회 성도, 교회를 다녀본 적이 없는 사람, 신앙생활을 하다가 현재는 교회에 나가지 않는 사람도 있었어요. 1년 동안 진행하는 성경공부에 누가 올까 생각하겠지만 말씀의 은혜 앞에서 1년이라는 시간은 문제가 되지 않았지요. 이 과정은 1년에 한 번 운영하는 과정으로, 현재 5기까지 마친 상태예요.

성경대학을 마친 한 성도는 이런 간증을 했어요. "성경대학을 통해 역사의 주인이 하나님이라는 것을 배웠어요. 역사의 배후에 계시는 하나님을 배우고 나니 현실에서 만나는 문제를 보는 관점이 달라지기 시작하고 마음속에 무엇인가 흔들리지 않는 중심이 생겼어요." 이것이 바로 성경 전체를 공부하면서 느끼는 기쁨입니다. 나무를 보기 위해서는 숲을 보는 눈이 필요해요. 그래야 나무 하나 하나를 더 잘 이해할 수 있기 때문이죠.

2) 큐티(QT)학교

큐티학교는 매년 1~2회 열리고 있어요. 한 번 진행할 때, 매회 두 시간씩 3주간 진행하기도 하고, 하루 6시간 과정으로 진행하기도 해요.

처음 개척할 때부터 중점을 두었던 것은 바로 말씀 묵상이었어요. 저는 "불신자에게는 복음을, 신자에게는 QT를"이라는 슬로건으로 목회를 하고 있습니다. 그만큼 성도 개개인이 말씀을 묵상하고 말씀과 동행하는 삶을 사는 것이 중요하다고 생각해요. 그래서 푸른나무교회에서는 새벽예배 말씀도 QT 본문으로 진행하고 있어요. 예를 들어, 성도들이 묵상한 본문을 저는 다음 날 새벽에 설교하는 방식입니다. 그리고 그 설교 내용을 녹화해 순장들이 각 순(소그룹)의 메신저 단체 대화방에 올려요. 그러면 새벽기도회에 나오지 못했던 성도들도 함께 설교를 공유할 수 있게 되죠. 7년 동안 새벽 강단에서 그렇게 말씀을 전했고 결국 성경 66권 전체 본문을 성도들과 함께 묵상할 수 있었어요.

여러 가지 QT 방법이 있겠지만 푸른나무교회는 양육과 훈련을 위해 QT 역시 귀납적으로 묵상하는 방법을 성도들에게 훈련시켰어요.

QT의 가장 큰 약점이 무엇일까요? 바로 자의적인 해석이에요. 내 느낌대로 해석해서 본래 말씀이 의도하는 바를 놓치고 자기를 합리화하는 묵상이 될 수도 있다는 것이죠. 이러한 자의적 해석, 내 마음대로 식의 해석을 보완할 수 있는 가장 좋은 방법이 바로 귀납적 성경 묵상입니다.

처음에는 성도들이 이 방법을 너무나 어려워했어요. 제자훈련에 들어와서 이 방법을 훈련하느라 많은 시간을 보내야 했습니다. 그래서 제자훈련에 들어오기 전, 양육 과정에서 귀납적으로 말씀을 묵상하는 법을 알고 연습해 오면 좋겠다는 생각이 들었어요. 결국 큐티 세미나를 시작했습니다. '이 좋은 방법을 제자훈련을 받는 사람만 배울 필요가 있는가?' 하는 생각이 들어 개척한 지 3년째부터는 정기적으로 큐티 세미나를 열었어요. 모든 성도가 일찌감치 귀납적으로 묵상하는 것에 익숙해지도록 훈련하는 것이지요.

푸른나무교회에서는 1월에 큐티학교를 개강해요. 보통 1월 둘째 주일 오후 시간에 개강하여 넷째 주일 오후까지 3주간 진행하고 있습니다.

말씀 묵상(QT)은 푸른나무교회의 양육과 훈련을 떠받치고 있는 중요한 기둥 중 하나예요. 말씀 묵상은 새벽 말씀과 연결되고, 소그룹(순)에서 나누고, 제자훈련과 사역훈련에서 나눔의 중요한 소재가 되고 있습니다. 더 나아가서는 성도가 말씀과 동행하는 삶을 살도록 하는 가장 중요한 요소라고 할 수 있어요. 특히 양육과 훈련 목회를 하려고 하는 목회자라면 말씀 묵상을 어떻게 정착시키고 하나의 문화로 만들지 많은 고민을 해보는 것이 좋아요.

3) 중보기도학교

교회를 세워가는 데 중요한 두 기둥이 있다면 무엇일까요? 저는 말씀과 기도라고 생각해요. 물론 말씀을 배우는 과정 그리고 제자훈련의 과정 속에서도 기도를 가르치고 훈련하죠. 그런데 교회가 영적 전쟁에서 승리하기 위해서 반드시 필요한 것은 성도들에게 기도를 집중적으로 가르치고 훈련할 수 있는 '중보기도훈련'이에요.

사도 바울은 에베소서 6장에서 영적 전쟁의 중요한 공격용 무기로 두 가지를 말해요. 에베소서 6장 13~17절에서 영전 전쟁의 전신갑주에 대해 말씀하고 있는데, 전신갑주는 방어용 무기와 공격용 무기로 나뉘어요. 에베소서 6장 17~18절 말씀을 볼까요?

[17]구원의 투구와 성령의 검 곧 하나님의 말씀을 가지라 [18]모든 기도와 간구를 하되 항상 성령 안에서 기도하고 이를 위하여 깨어 구하기를 힘쓰

며 여러 성도를 위해 위하여 구하라 _엡 6:17∼18

전신갑주를 갖추었더라도 결국 영적 전쟁에서 승리하게 하는 것은 성령 안에서 기도하는 것이라고 기록되어 있어요. 그중에서도 중보기도는 굉장히 강력한 힘을 가지고 있어요. 중보기도학교에 들어와서 말씀을 배우고 기도를 훈련한 성도 중 한 사람은 "목사님, 이 훈련은 초신자 때부터 하면 좋겠어요. 지금까지 왜 기도해야 하는지, 어떻게 기도해야 하는지도 모르고 지냈다는 것이 너무나 아쉬워요"라고 고백하기도 했어요. 지금까지 이 훈련을 해온 경험에 의하면 제자훈련 과정 못지않게 성도들이 영적으로 각성하게 하고 기도하게 만드는 과정이에요. 그래서 저는 개인적으로 기도를 가르치고 훈련하는 이 과정을 매우 사모해요. 교회가 기도하지 않으면 힘을 잃어버릴 수밖에 없고, 영적 전쟁에서 패할 수밖에 없어요. 기도 없는 말씀은 죽은 문자가 되기 쉽고, 성령의 은혜가 없는 성경공부는 또 하나의 율법주의로 빠질 수 있음을 늘 기억하며 말씀과 기도의 균형을 유지해야 합니다.

개척 초기에 기본 양육 과정 다음으로 시작했던 양육이 바로 중보기도학교였어요. 그리고 중보기도학교를 수료한 성도들을 중심으로 매주 모여 기도했어요. 푸른나무교회가 단순히 말씀 양육 하나로 성장했던 것은 아니라고 생각해요. 그 어느 교회보다 많은 기도가 쌓여 있기 때문에 가능한 일이었을 거예요.

지금 중보기도학교는 5기생까지 배출했고 주중에 모여 지도자와 사역자들, 교회와 사역, 나라와 민족, 전도와 선교를 위해 훈련 받은 중보기도자들이 기도하고 있어요. 교회에 위기가 오기 전에는 이 기도의 힘이 얼마나 큰

지 잘 몰라요. 그러나 위기가 왔을 때, 결국 그 교회의 건강성이 드러나는데, 말씀과 기도의 두 기둥을 붙들고 있는 교회는 그 위기를 지혜롭게 넘길 수 있습니다.

고난과 어려움이 없는 교회, 위기 없는 목회가 어디에 있겠어요? 그러나 그 위기와 어려움을 어떻게 넘기는가는 교회가 얼마나 말씀과 기도의 훈련이 잘 되어 있느냐에 따라 판가름 난다는 사실을 잊지 마세요.

중보기도학교는 12주 과정으로 진행합니다. 중보기도가 무엇인지를 배우고, 중보기도의 필요성, 중보기도와 일반 기도의 차이, 영적 전쟁으로서의 중보기도, 은사로서의 중보기도, 중보기도 사역의 운영과 실제 그리고 중보기도자의 정체성에 대해서 배워요. 이 과정을 거치면서 성도들이 기도의 일꾼으로 든든히 서는 것을 경험할 수 있어요. 이를 통해 뜨겁게 기도하는 교회가 되어 영적 성장을 거듭했고, 새로운 분위기가 형성되었습니다.

개척 초기, 제자훈련을 정식으로 시작하기 전에 성도들은 중보기도학교를 통해 굉장히 많은 변화를 경험했어요. 특별히 이 기간 동안 함께 기도하며 응답과 능력을 많이 체험했죠. 중보기도학교는 이론적인 공부가 되어서는 안 돼요. 실제로 기도하며 기도의 능력을 체험하는 시간으로 인도해야 합니다. 성도들이 중보기도훈련을 받으면서 새벽기도회와 금요심야기도회에 나오게 되고, 기도 시간을 사모하게 되는 현상이 일어났어요.

많은 교회가 기도하라고 강조하지만 어떻게 기도해야 하는지 잘 가르치지 않고, 체계적인 기도 사역을 훈련하지 않아요. '그냥 기도하라'고만 할 뿐이죠. 그러나 목회자나 리더가 성도들에게 사역을 가르치고 말씀으로 양육할 때는 '무엇'에 대해서만 가르치지 말고 '어떻게'에 대해서도 반드시 가르쳐주어야 합니다.

4) 소통과 공감(상담 프로그램)

우리가 살고 있는 현 시대의 많은 사람이 마음의 병과 아픔을 안고 살아가고 있어요. 특히 사람들과의 관계 속에서 어떻게 해야 할지 몰라 서로에게 상처를 주고 급기야는 원수처럼 증오하게 되죠. 이런 일은 가정에서도, 교회에서도 쉽게 일어나는 일이에요. 사람들이 가장 어려워하는 것이 바로 사람들과 관계를 맺고 소통하는 일이기 때문입니다.

개인적으로 2016년부터 2018년까지 목회상담아카데미 '예상'에서 2년 동안 상담 공부를 할 기회가 있었어요. 상담 공부를 하면서 가장 큰 유익을 얻은 사람은 바로 저 자신이었습니다. 상담을 공부하면서 내면이 치유되기 시작했고, 제가 달라지니까 아내와 가족이 행복해졌고, 교회의 분위기가 달라졌어요. '예상'과의 만남은 저에게 예수님을 만난 사건 다음으로 큰 변화를 가져다주는 사건이었죠.

이렇게 좋은 공부를 저 혼자 경험하는 것이 너무나 안타까웠어요. 그래서 상담 공부를 교회 안으로 가지고 들어올 수 없을까 고민했습니다. 특별히 교회의 리더들에게는 이 상담 공부를 다 경험하게 하고 싶었어요. 리더가 사람에 대한 이해가 없고, 공감하지 못하고, 자기 자신의 마음이 치유되지 않으면 주변 사람들에게 아픔을 줄 수 있거든요. 제가 그랬으니까요.

그러나 상담 공부라는 것이 시간과 재정에 큰 부담을 줄 수 있다는 점을 알고 있었기 때문에 성도들에게 무작정 강요할 수는 없었어요. 그래서 상담 프로그램의 핵심적인 내용을 교회의 양육 프로그램으로 가져올 수 있는 방법을 고민했습니다. 그렇게 만난 프로그램이 '소통과 공감'이었어요.

이 과정은 짧게는 8주, 길게는 15주로 운영할 수 있는데 자신을 이해하고 상대방을 이해하며 소통하고 공감하도록 훈련시키는 프로그램이에요.

물론 긴 상담 훈련을 단기간의 프로그램으로 교회에 도입하는 것이 쉬운 일은 아니에요. 그래서 푸른나무교회도 2017년 1기만 마치고 중단된 상태인데 문제를 보완하여 곧 다시 시작할 예정이에요. 이 과정은 외부에서 상담 전문가를 초빙하여 진행하는 것도 좋아요.

이 과정이 교회 안에 잘 정착하면 예수님을 믿지 않는 사람들이 교회 안에 들어와서 배울 수 있는 좋은 양육프로그램이 될 거라고 생각해요. 그리고 무엇보다 목회자와 성도들에게 큰 유익을 줄 수 있는 양육 과정이라고 확신합니다.

5) 피플퍼즐(DISC) 세미나

위에서 소개한 네 가지 오픈 양육 이외에도 필요에 따라 정기적인 단기 세미나를 열고 있어요. 그중에서도 성도들에게 가장 좋은 호응을 얻으면서 믿지 않는 사람들을 교회로 초대하기에도 좋은 프로그램이 '피플퍼즐 세미나'예요. 이것은 'DISC'라는 명칭으로 더 많이 불립니다. 함께 생활하는 사람들과 건강한 관계를 형성하기 위해 그리고 서로를 이해하기 위해 필요한 정보를 제공하는 세미나죠.

개척 후 3년 동안은 일반적인 강의 형식으로 진행했고, 4년째부터는 가족들끼리 그룹으로 진행했어요. 5년째에는 믿지 않는 남편이나 자녀들을 초청해서 진행했습니다. 가족들과 함께 이 과정에 참석했던 사람들이 서로를 이해하고, 가족을 이해하는 데 큰 도움을 얻었어요. 또 상대방이 왜 그렇게 말하고 행동하는지 이유를 알게 되어 유익한 시간이었다고 해요.

이 세미나는 사람의 네 가지 행동 유형을 통해 나 자신의 스타일을 알고, 관찰을 통해 상대방의 스타일을 이해하여 좋은 관계를 형성해 가는 것을 돕는 내용으로 이루어져 있어요. 인간을 이해하고 관계를 맺는 데 상당한 도움을 주죠.

특히 푸른나무교회의 리더들은 이 세미나의 내용을 자신의 것으로 만들어 순원들과 팀원들을 이해하고 그들과 좋은 관계를 형성해 가도록 하고 있어요. 총 3주에 걸쳐서 진행하거나 일일 세미나로 하루 동안 진행할 수 있는 세미나입니다.

6) 그 외의 양육과 세미나

앞에서 언급한 양육 이외에도 푸른나무교회에서는 필요에 따라 단기 양육을 진행하거나 세미나를 열고 있어요. 예를 들면 자신의 정체성을 알고 인생의 목적을 일깨워주는 '목적이 이끄는 삶 세미나'(7주), 역대상 4장 9~10절에 나오는 야베스의 기도를 통해 기도의 원리를 배우는 '야베스 기도 세미나'(8주), 가정의 달을 맞아 성경적인 자녀 양육을 돕기 위한 '좋은 부모 되기 세미나'(4주), 소그룹 리더들이 소그룹을 인도하고 목양을 할 수 있도록 돕는 '순장학교', 아이를 가진 젊은 엄마들의 회복을 위한 '마더 와이즈' 과정이 있어요.

이 과정들 중에서 마더 와이즈는 목회자보다 목회자의 아내가 인도하는 편이 더 효과적이에요. 아무래도 여성이 여성들의 상황을 잘 알고 그 마음을 돌볼 수 있기 때문이죠. 푸른나무교회에서는 마더 와이즈 과정을 1년에 두 번, 상반기와 하반기에 각 코스별(회복, 자유, 지혜)로 모집하여 진행하는데 젊은 엄마들이 큰 도움을 받고 있어요.

03
초기 양육, 어떻게 시작할까?

어떤 분은 "저렇게 많은 양육과 훈련을 교회에서 다 하고 있느냐?"고 질문할 수도 있어요. "네, 다 하고 있어요!" 그러나 처음부터 이 과정을 모두 진행했던 것은 아니에요. 처음에는 아주 기본적인 것부터 시작했어요. 앞서 소개한 양육 과정은 시간이 흐르면서 여러 번의 시행착오를 거쳤고 현장에 맞는 양육 시스템으로 다듬어진 것입니다.

처음 개척했을 때 약 1년 간은 기본 양육 과정(새가족반, 확신반 중심의 기본적인 양육 과정)을 충실하게 해나갔어요. 그래서 개척 첫해에는 훈련도 하지 않았어요. 양육에 대한 토양을 만들고 양육에 집중하기 위해서였지요.

기본 양육은 마쳤지만 제자훈련을 하기에는 시기적으로 이른 듯해서 시도했던 것이 '중보기도학교'였어요. 이 과정은 총 12주로 구성되어 있는데, 제자훈련만큼 강도가 세지는 않지만 제자훈련에 대한 기대감을 불러일으키는 데 큰 동기부여가 되었죠. 교회가 초기부터 기도 사역을 성실하게 해나갈 수 있는 불쏘시개 역할을 해주었습니다.

지금은 제자훈련에 들어오기 위해 성실하게 양육 과정을 밟을 경우 빠르면 2년, 일반적으로는 3년 이상의 시간이 걸리는데, 개척 초기에는 기본 양육 과정을 마치면 자원하는 사람 중에서 제자훈련생을 선발하여 훈련했어요. 개척교회가 너무 오랜 시간 양육과 훈련에만 매진하면 어려운 상황이 생길 수 있기 때문에 어쩔 수 없이 진행한 임시방편이었죠.

그래서 교회는 현장에 맞도록 시행착오를 거치며 나름대로의 양육과 훈련의 노하우를 찾아야 해요.

당시만 하더라도 성장반 과정이 없어 기본 양육 과정만 거치면 누구든지 제자훈련에 들어갈 수 있는 자격이 주어졌어요. 그러나 제자훈련을 진행하다 보니 여러 한계에 부딪혔고, 성장반 과정의 필요가 절실해졌죠. 기본 양육 과정과 제자훈련의 수준 격차가 클 수밖에 없으니까요. 그래서 만든 과정이 '성경대학'이었고 이 과정을 제자훈련 받기 전에 거쳐야 하는 단계로 신설했어요. 이러한 과정을 거치며 지금은 그때보다 조금 더 체계적인 커리큘럼이 만들어졌지요.

각 교회마다 처한 상황이 다르기 때문에 어느 정도 아웃라인을 가지고 실행해보면서 현장에 맞게, 자신의 교회에 맞는 방법을 찾아가야 해요. 어떤 과정이든 절대적인 것은 없으니까요. 푸른나무교회의 양육 방법을 참고하되 자신의 교회에 더 잘 맞는, 더 좋은 양육 과정을 찾아내면 좋겠습니다.

양육을 접목하기 위한 노하우

1. 교회 안에 양육 문화를 조성하라

양육이 교회에 반드시 필요한 과정이지만 강요하면 오히려 부작용이 생겨요. 거부 반응을 조심해야 합니다. 그러기 위해서는 양육을 교회의 문화로 만들어 가는 시간이 필요해요. 양육이 특별한 사람들만 받는 것이 아니라 모든 성도들이 받는 자연스러운 문화가 되도록 만들어야 합니다.

그러기 위해서는 목회자 스스로 양육에 대한 철학과 전략을 통해 방향성을 제시해야 하고, 기회가 닿는 대로 성도들에게 양육의 필요성을 전달하고 설득하는 것이 중요해요. 양육을 진행하는 중에 그리고 마친 후에도 양육에 대한 즐거움, 기쁨, 변화에 대한 간증을 예배 시간에 나누고 지속적인 동기부여를 하는 것이 좋아요. 현재는 개인적인 이유로 양육을 받지 않는 성도가 '나도 언젠가는 양육을 받아야지'라는 생각을 품는 계기가 됩니다.

2. 강요는 금물! 스스로 지원하도록 하라

일반적으로 목회자가 교회에서 양육을 시작할 때 부딪히는 어려움 중 하나는 변화나 효과를 경험하지 못해 중단되는 상황이라고 생각해요. 왜 그럴까요? 교회 안에서 이루어지는 양육이 어쩔 수 없이, 의무적으로, 다른 사람의 강요에 의해서 이루어지기 때문 아닐까요? 강제로 하면 여러 가지 부작용이 생겨요. 어떤 부작용일까요? 우선 결석이 잦아져요. 그러면 열정이 식고 같이 공부하는 사람들의 사기도 떨어져요. 그리고 제일 치명적인 것은 양육에 대해 잘못된 고정관념을 갖게 돼요. '성경공부는 지겹다. 내 시간만 뺏는다.' 이런 생각을 가지게 되면 더 이상 다음 과정으로 올라가는 것이 어려워집니다.

푸른나무교회에서는 모든 양육과 훈련 과정에 스스로 신청을 해야 받아 줍니다. 새가족반조차도 자신이 원하지 않으면 강요하지 않아요. 아무리 좋은 것이라도 억지가 되면 은혜가 그 마음속에 들어가기 힘들기 때문이죠. 목회자는 양육에 대한 필요성과 중요성을 계속해서 강조하고 동기를 부여해야 하지만, 성경공부에 참여하는 것은 철저하게 자신의 선택이어야 해요. 물론 순장들이나 리더들이 모임 중에 받은 은혜를 나누며 권면을 할 수는 있겠죠. 저 역시 권면해요. 그러나 억지로 시키지는 않아요. 신청자가 적으면 적은 대로 그 사람들에게 집중해서 참여자들이 은혜 받도록 하면 돼요. 사소한 것 같지만 이런 점이 양육과 훈련에 큰 영향을 미친다는 것을 잊어서는 안 됩니다.

3. 전체 그림을 그려라

양육을 임기응변으로 이끌어 가다 보면 한계를 마주하게 돼요. 때문에 목회자는 전체 그림을 머릿속에 그려야 해요. 저는 개척 초기에 양육에 대한 꿈을 그렸어요. 초신자가 교회에 들어와서 양육을 받고 성숙한 신자가 되는 커리큘럼을 만들어야겠다고 생각했고, 어떻게 그런 과정을 만들 수 있을지 고민했어요. 물론 완벽한 커리큘럼은 존재하지 않아요. 각 사람은 인격체이고 각기 다른 기질과 독특성을 지니고 있기 때문이에요. 그래서 사람은 천편일률적으로 상품을 찍어내듯 길러지지 않아요. 양육에는 의외의 변수가 많아요. 그렇다고 하더라도 목회자는 양육에 대한 전체 그림을 가지고 있어야 하고 현 단계의 양육으로 성도가 어디까지, 얼마나 성장할 수 있는지, 또 그 성도를 어떻게 지속적으로 세워갈지 계획을 가지고 있어야 해요. 세부적인 것은 경험할수록 쌓이겠지만 대략적으로라도 그림을 그리고 시작하면 좋습니다. 소경이 소경을 인도할 수는 없으니까요.

4. 양육 수준을 단계별로 높여가라

모든 양육 과정의 내용과 효과가 똑같다면 참여자들은 굉장히 식상하게 여길 거예요. 따라서 단계별로 양육과 훈련의 수준을 높여 나가는 것이 굉장히 중요해요. 단계별 양육에 있어서는 내용도 확실히 구분이 되어야 하고, 요구하는 수준도 조금씩 달라야 해요. 그러나 양육이 부담이 되어서는 안 돼요. 부담감 때문에 양육에 나오기 싫어지면 안 된다는 뜻이에요. 양육에 참여하는 것이 즐거워야 해요. 부담되지 않는 수준에서 조금씩 과제도 내주고, 양육 받는 사람이 조금 더 적극적으로 참여할 수 있는 방법을 만들어가야 합니다. 한마디로 말하면 균형이죠.

예를 들어서 새가족반에서는 과제를 준다거나 하는 특별한 요구를 하지 않아요. 그러나 다음 단계인 확신반에서는 성경 본문을 미리 찾아보고 적어오고, 성경구절 한 구절 정도 암송하는 과제를 내주고 있어요. 이 정도는 누구든지 할 수 있어요. 그러면서 책임감도 갖게 되고 자신이 성장하고 있음을 스스로 점검하게 됩니다. 또 성경공부에 더 적극적으로 참여하게 되는 일석이조의 효과가 있죠. 물론 과제를 못 해왔다고 해서 무안을 주거나 책망해서는 안 됩니다. 오히려 격려해 주어야 해요. 지금은 훈련이 아니라 양육 과정이니까요.

5. 철저하게 준비하기 위한 Tip

토양화 작업을 하는 것도, 문화를 만드는 것도, 시스템을 갖추는 것도 모두 중요해요. 그러나 이 모든 것이 준비되어 있어도 결국 인도자 자신이 양육을 중요하게 생각하고 철저히 준비하지 않으면 모든 것이 헛수고가 될 수밖에 없어요. 양육을 기대하고 사모하는 마음으로 왔다가 인도자가 잘 준비되어 있지 않은 모습을 보게 되고, 인도자의 준비가 불성실한 것을 보면 양육을 받는 사람은 크게 실망하겠죠. 그리고 양육은 점차 하나의 프로그램이 되어 버리고 기대감 없는 모임이 되어 버리고 말 거예요.

양육 목회를 하려는 목회자라면 결단을 해야 합니다. 단지 교재 예습 정도가 아니라 그 교재를 전체적으로 잘 이해하고 성도들에게 어떻게 효과적으로 전달해야 할지 그리고 어떻게 은혜를 나눌 수 있을지 늘 고민해야 해요. 성경공부는 은혜가 있어야 해요. 지식 전달만 하면 양육 시간이 지루해져요. 반대로 은혜만 추구하다 보면 설교와 다를 게 없어집니다.

목회자가 양육을 준비할 때 도움이 될 팁을 몇 가지 드릴게요. 첫째는 교재에 대해 목회자 자신이 철저히 이해하고 있어야 해요. 양육을 인도하면서 시선이 계속 교재에 가 있으면 안 되겠죠. 목회자의 머릿속에는 인도할 교재의 전체 내용이 그려져 있어야 합니다. 둘째는 두 가지 요소를 점검하는 거예요. 저는 양육이나 훈련을 할 때 '은혜의 요소와 새로운 정보', 이 두 가지 요소가 있는지 항상 점검해요. 성경공부는 은혜가 되어야 해요. 그리고 '어, 이런 건 처음 들어보네?' 하는 새로운 신학적·성경적 정보도 가미하면 좋아요. 그리고 세 번째, 그 내용을 설명하기 위한 예화를 준비해두면 더욱 효과적으로 전달할 수 있어요. 네 번째, 교재에 있는 질문 외에도 모임을 더 역동적이고 흥미롭게 만들 수 있는 추가 질문을 준비하면 식상하지 않고 재미있게 인도할 수 있지요.

양육을 통한 본질의 회복

지금까지 양육의 내용과 과정을 살펴보았어요. 지금까지 나누었던 이야기들은 푸른나무교회라는 한 지역교회의 특수한 상황과 현장에서 일어난 사역이기 때문에 모든 교회에 똑같이 적용되리라고 생각하지 않아요. 그러나 한 개척교회가 양육과 훈련을 통해 지금까지 어떻게 건강하게 성장해오고 있는지를 들여다볼 수 있는 작은 창문의 역할은 할 수 있으리라 생각합니다.

작은 교회에서 그리고 기존의 전통적인 교회에서 양육 목회, 훈련 목회가 가능할지 고민하는 목회자가 많을 것이라 생각해요. 하지만 저는 지금도 이러한 목회가 가능하다고 믿어요. 결국 문제는 마음의 '중심'이에요. 저는 아무것도 가진 것이 없는, 너무나 평범한 동네 목사이지만 성실하게 제 길을 갈 때 그 안에서 기쁨과 은혜도 경험하고 주님께서 주시는 목회의 열매도 경험하게 되더라고요.

지금까지 목회하면서 느낀 것 중에서 여러분에게 알려드리고 싶은 반가운 소식은, 오늘같이 바쁘고 분주한 시대 속에서도 사람들의 마음에서는 여전히 말씀을 배우고 싶어 하는 영적인 갈급함이 있다는 거예요. 그런데 그

갈급함이 채워지지 않아서 지금도 많은 사람이 방황하고 있어요. 오죽하면 이단이라도 찾아가서 말씀을 배우려고 하겠어요.

만약 우리 교회 성도가 말씀을 제대로 배울 수 있는 통로나 기회가 없어서 방황하다가 건강하지 못한 교회나 이단으로 빠진다면 나중에 주님 앞에서 우리가 무슨 말을 할 수 있겠어요? 그것은 목회자의 직무유기입니다.

양육·훈련 목회는 결코 쉽지 않아요. 시간을 많이 할애해야 해요. 노력과 에너지도 많이 쏟아야 하죠. 때로는 몇 사람을 붙들고 장시간을 씨름할 때도 있어요. 또 목회자가 스스로의 행동을 제한해야 할 때도 있어요. 불편하고 힘들 수 있지만, 그것이 바로 우리가 해야 할 일이고 감당해야 하는 일이에요.

부활하신 예수님께서 어느 날, 베드로를 찾아와 세 번씩이나 같은 질문 하셨지요. "요한의 아들 시몬아 네가 나를 사랑하느냐?" 그때 베드로는 "제가 주님을 사랑하는 것을 주님께서 아십니다"라고 대답해요. 베드로의 대답을 들으신 예수님께서는 베드로에게 아주 의미 있는 말씀을 하십니다. "내 양을 먹이라, 내 양을 치라." 이것이 목회자에게 주신 주님의 명령이에요. 우리는 이를 위해 부름 받았어요. 그렇다면 이 일에 삶을 걸고 생명을 걸고 맡겨진 일을 감당하는 것이 우리의 사명이겠지요.

저는 지금도 이 목회철학과 신념을 가지고 걸어가고 있어요. 그것이 목회의 행복이라고 생각해요. 우리 교회에 얼마나 많은 사람이 모이는지가 중요한 게 아니고, 얼마나 큰 건물을 가지고 있느냐가 중요한 것이 아니고, 내게 맡겨주신 주님의 양들을 얼마나 잘 먹이고 돌보고 있느냐가 중요합니다.

인원의 많고 적음은 저에게 달려 있지 않아요. 저는 단지 보내주신 양들을 말씀으로 먹이고 양육하고 훈련시켜 그들이 한 사람의 그리스도인으로, 한 사람의 제자로 성장하도록 도와주는 코치의 역할을 하고 있을 뿐이에요.

푸른나무교회를 개척하여 7년간 양육과 훈련을 해왔지만 교회가 급성장하거나 화려한 건물을 짓게 된 것은 아니에요. 저에게는 그런 재주가 없어요. 아마 그랬다면 저는 이 책을 쓰지 않았을 거예요. 교회를 성장시키고, 부흥시키기 위한 목적으로 양육과 훈련을 하는 것이 아니기 때문이에요. 말씀으로 성도들을 세워 가면 그들이 건강한 신앙생활을 하고, 성숙한 예수님의 제자로 세워질 것을 기대하기 때문에 목회를 감당하고 있는 거예요. 그렇게만 된다면, 그렇게만 할 수 있다면 이보다 더 큰 목회의 행복이 어디 있겠어요?

<u>하나님의 말씀으로 성도들을 건강하게 세워가는 일에 부름 받은 모든 목회자 그리고 사역자들이 다른 그 어떤 것이 아니라 말씀에 미쳤으면 좋겠어요. 그리고 성도를 말씀으로 세워가는 일에 미쳤으면 좋겠어요.</u>
그러면 한국교회는 말씀의 토양 위에 다시 한 번 새롭게 세워질 수 있을 거라고 믿어요. 대형교회 신드롬에서 벗어나 건강한 교회를 이 땅에 세워가기를 꿈꾸는 목회자들이 많아지기를 기대합니다.

삶의 영성이란 일상 속에서
하나님을 사랑하고 이웃을 사랑하며
주님 안에서 자기 자신을 보배롭고
존귀하게 여기고, 하나님께서 지으신
피조세계를 다스리며 사랑하는 것이에요.

4장

양육은
가정에서
시작하라!

아버지가 자식을 긍휼히 여김 같이 여호와께서는
자기를 경외하는 자를 긍휼히 여기시나니

시편 103:13

01
성경적인 인생관

들어가며: 긍휼한 마음의 힘

　1997년, 저는 큰 충격 속에 있었어요. 사랑하는 동생이 억울한 사고로 숨을 거뒀기 때문이었죠. 당시 저는 지갑 속에 동생을 죽인 자들의 명단이 적힌 메모지를 가지고 다녔어요. 기회가 올 때 복수하고 저도 동생을 따라가려고 했었죠. 하지만 복수할 수 없었어요. 동생을 잃은 후부터 아무것도 하지 못하고 방에 누워 벽에 걸린 '최후의 만찬' 그림을 보며 눈물만 뚝뚝 흘리시는 어머님을 보는 것만으로도 너무 괴로웠기 때문이었어요. '나까지 떠나면, 홀로 남은 어머님은 어떻게 사시나'라는 생각으로 머릿속이 가득해서

견딜 수 없었어요.

그래서 매일 술을 마셨습니다. 하루에 소주 7~8병을 마셨죠. 아무런 소망도 억울함을 풀 곳도 없었어요. 술을 마실 때는 잠시 화를 참을만했지만 술이 깨면 다시 술을 찾아야 했어요. 끝없이 치밀어 올라오는 분노를 견딜 수가 없었습니다. 제 몸과 마음은 점점 망가져 갔어요. 길거리에서 구토하고 쓰러지는 일상이 반복되었습니다. 제 몸에서는 늘 악취가 났고 사람들은 저를 피해 다녔습니다.

어느 날, 술이 많이 취한 채 집에 들어왔는데 벽에 걸린 예수님의 그림이 눈에 들어왔어요. 순간적으로 너무 화가 나서 그 그림 액자를 깨뜨리려고 달려갔어요. 그때 어머님이 저를 붙들고 "예수님! 용서해 주세요! 아들의 아픈 마음을 누가 알겠습니까? 제발 용서해 주시고 이 아들에게 긍휼을 베풀어주세요!"라며 절규하셨어요.

얼마 후 입대 영장이 나왔어요. 분명히 군대에 가지 않을 수 있는 방법이 있었지만 어머님은 저를 돕지 않으셨어요. 제가 현역으로 군대 가는 것이, 매일 술 취하며 지내는 것보다 낫다고 생각하셨기 때문이었죠. 어머니는 제게 교회에서 일대일 양육을 받아보라고 권면하셨어요. 저는 속으로 이렇게 생각했어요. '어머님은 내 삶에 도움이 안 돼! 군대 가는 것도 억울한데 나에게 아무 도움도 안 되는 교회에 나가라고 하니 정말 기가 막히는군.' 하지만 하나뿐인 가족인 어머니의 간청을 듣지 않을 수 없어 마지못해 교회에 갔어요.

'누가 나를 가르쳐! 하나님이 어디 계시느냐고 내가 물어볼 테니까! 누구든지 걸리기만 해봐라! 다 죽여버릴 거야!'라고 생각하면서 양육자를 기다

렸어요. 그런데 며칠이 지나도 저를 가르치겠다는 사람이 없었어요. 이상한 일도 아니었죠. 그러던 어느 날 집으로 전화가 한 통 걸려왔어요. 젊은 목사님 한 분이 저를 직접 양육하겠다는 것이었어요. '목사라고? 쳇 목사면 다야! 어디 보기만 해봐라!' 하며 시비 걸 생각만 들더라고요.

교회에 가서 앉아 있는데 한 사람이 제게 다가왔어요. 전화했던 홍 목사님이었죠. 그분은 분노에 차 있는 저를 보더니 아무 말도, 어떤 가르침도 없이 저를 꼭 껴안고 울며 기도해 주셨어요.

하나님! 이 형제의 고통을 제가 어떻게 알 수 있겠습니까? 이 형제에게 하나님의 위로와 평안을 주시옵소서. 아버지! 현호 형제의 마음을 위로하여 주시옵소서! 하나님, 제가 죽어서 이 형제가 살 수 있다면 그렇게라도 해주시옵소서! 긍휼을 베풀어 주시옵소서!

그때, 뜨거운 눈물이 흘러내렸습니다. 저는 술주정뱅이, 쓸모없는 사람이었어요. 그런데 어떻게 나 같은 인간을 위해 울어주며, 대신 죽겠다고 기도하는지 이해할 수 없었어요. 저는 그분의 진심을 느낄 수 있었어요. 동생을 잃은 뒤 반년 만에 처음 느껴보는 따뜻함이었습니다. 저는 엉엉 소리를 내며 울었어요. 목사님의 품 안에서 한없이 울었고, 그것이 저의 첫 번째 일대일 양육 시간이었습니다.

이것이 바로 진정한 긍휼이에요. 신음하고 있는 자들과 함께하는 것! 긍휼은 아버지의 마음으로 함께 아파하는 것입니다. 뜨거운 긍휼의 마음은 복수하겠다는 살인 충동을 사라지게 했어요. 저는 이 일을 통해 양육의 기초는 긍휼이라는 것을 배웠습니다.

이처럼 양육과 훈련을 할 때 가장 중요한 것은 바로 '영적 지도자들의 마음'입니다. 긍휼의 마음이 있는 스승은 아파하고 신음하는 다음세대의 영혼을 위해 아버지의 마음으로 그들과 함께할 수 있기 때문이죠.

사랑받은 자는 그것을 나누는 자가 된다

홍 목사님에게 양육 받은 지 약 20년이 지난 후 그 긍휼이 놀라운 은혜가 되어 흘러가는 것을 보았습니다.

2015년 10월, 제가 대구에서 선교회를 개척할 당시 사무실이 없어 자리를 알아보고 있었습니다. 그때 대구 극동방송 중보기도 모임에서 만났던 정신병원 이사장님이 1층 사무실 한 곳을 무료로 임차해 주셨어요.

그곳에서는 알코올 중독자 185명이 입원 치료를 받고 있었습니다. 가끔 환우 분들이 선교회 사무실에 방문하기도 했는데 그분들에게 공통된 특징이 있었어요. 악수를 청하면 손을 뒤로 빼며, "제 손은 너무 더럽습니다"라고 말하는 것이었어요. 저는 그럴 때마다 그들을 안아주고 축복했어요. 몇몇 환우 분들은 당황해하면서 "제 몸에서 냄새가 많이 납니다"라고 말했어요. 그러면서도 내심 좋았는지 제게 고맙다고 했죠. 또 어떤 분들은 술 또는 약에 취해 자기 몸을 잘 통제하지 못했어요. 옷은 더럽고, 오물이 묻어 있어 악취가 났죠. 심지어 안아주고 나면 제게도 냄새가 뱄는데, 씻어도 없애기 힘들 정도였어요. 그런 그들도 악수하고 안아주었더니 마음의 문을 열었고, 제 사무실에 방문하기 시작했어요.

어느 날 사역을 마친 후, 너무 피곤해서 소파 위에 주저앉아 있었는데 제 옷과 몸에서 악취가 올라왔어요. 문득 매우 익숙한 냄새임을 깨달았죠. 바로 20년 전의 제 냄새였어요. 동생의 억울한 죽음에 대한 복수도 할 수 없는 제 자신이 너무 싫어서 술만 퍼마시던 시절, 토사물 위에 엎드려 하나님을 원망하던 제 냄새였어요. 하나님은 그런 저를 가족과 사회로부터 버림받고 상처를 입은 채 방황하는 알코올 중독자들을 안아줄 수 있는 사람으로 변화시켜 주셨습니다.

그들을 돕기 위해서는 먼저 병원장님을 일대일로 양육하고, 직원분들을 위한 예배가 있어야 한다고 생각했어요. 그래서 화요일 새벽에는 병원장님과 일대일 양육을 진행했고, 오전에는 직원예배를 인도했죠. 토요일에는 환우 예배를 만들어서 그곳을 하나님을 예배하는 곳으로 변화시키는 사역에 힘썼어요.

<u>긍휼을 입은 자는 다시 그 긍휼을 흘려보내게 됩니다. 양육의 기초는 바로 '긍휼'입니다.</u>

성경적인 인생관

인간의 일생은 태아기, 유아기, 아동기, 청소년기, 청년기, 장년기, 노년기로 구분하여 설명할 수 있습니다. 청년기가 되기까지 사람은 부모의 권위와 보호 아래서 양육을 받고 그가 속한 사회에서 어떻게 살아가야 하는지를 배우지요. 그리고 청년이 되면 부모에게서 독립하여 결혼을 하고 새로운 가정을 이룹니다. 자녀가 생기면 부모에게 배운 것처럼 아이가 스스로 독립할 수 있을 때까지 양육하고 훈련해요. 이러한 패턴으로 인간의 일생을 설명할 수 있는 것처럼, 영적으로 거듭난 자들의 일생 또한 설명할 수 있습니다. 성경은 거듭난 그리스도인이 태아기를 거쳐 노년기까지 어떻게 하나님 나라의 백성으로 살아야 하는지 잘 보여주고 있어요. 저는 캐나다 목회자 성경연구원에서 배웠던 '출애굽기를 알면 인생이 보인다!'라는 성경 공부 과정과 개인 성경 연구를 통해 그리스도인의 일생을 9단계로 정리했습니다.

① 고통
② 간절한 기도
③ 회개와 믿음
④ 성령세례와 성령 충만
⑤ 광야 훈련(자기 부인)
⑥ 교육과 훈련(진리)
⑦ 예배자
⑧ 일상의 예배자(삶의 영성)
⑨ 사명지에서의 삶의 영성(선교)

성경에서 말하는 그리스도인의 인생을 배우면 다음세대를 위한 양육과 훈련에 많은 도움이 됩니다. 그래서 이 과정을 좀 더 구체적으로 나눈 후에 다음세대를 위한 양육과 훈련을 다루어보고자 합니다.

죄로 물든 세상을 살아가는 것은 고통스러운 일이에요. 영적 질서가 무너진 세상에서 사람들은 관계, 재정, 건강, 교육과 진로 문제로 아파하죠. 이 문제를 해결하기 위해 다들 부자가 되려 하고, 명예와 권력을 얻기 위해 노력해요. 그러나 부자나 명예를 얻는 자, 권력을 가진 자도 고통은 피할 수 없어요. 우리는 여러 매체를 보며 그들도 고통을 피할 수 없다는 것을 쉽게 깨닫습니다. 왜 하나님께서는 인간에게 고통을 허락하셨을까요?

C.S. 루이스(C. S. Lewis)는 이렇게 말합니다. "고통은 귀먹은 세상을 불러 깨우는 하나님의 메가폰이다." 고통은 하나님을 찾을 기회가 됩니다. 고통받는 자는 신의 존재를 찾으며 간절히 기도해요. 그 기도는 회개의 길로 이끕니다.

회개는 하나님에 대하여, 예수님에 대하여, 죄에 대하여 마음을 바꾸는 거예요. 다시 말하면 예수 그리스도를 통해 나타난 하나님의 자비와 긍휼, 크신 사랑 때문에 악을 미워하고 죄에서 돌이키는 것이 회개이지요. 죄를 회개하고 예수님을 인생의 구주로 믿는 사람은 새로운 피조물이 되고 성령을 받습니다. 성령세례를 받은 신자는 광야로 나아가 자기 부인의 삶을 훈련 받아요. 그리스도인이 되었다고 해서 바로 그리스도인답게 살 수 있는 것은 아니기 때문이죠. 광야에서는 세상의 사고방식을 무너뜨리는 자기 부인 훈련을 하게 돼요. 하나님의 뜻과 내 뜻이 다를 때, 내 뜻을 포기하고 하나님의 뜻을 따르는 것이 자기 부인 훈련이에요. 이러한 훈련을 받으면서 하나님을 사랑하고 이웃을 사랑하며, 예수 그리스도의 몸 된 지체 의식과 연합을 배우게 되는 거죠. 자기 부인 훈련을 받은 사람은 진리에 더욱 목말라 해요. 세상의 기준이 아닌 하나님의 기준, 즉 진리를 배워 주님을 섬기는 법을 배우고 싶어 하기 때문이죠. 이런 사람은 양육과 훈련을 통해 진리를 배우고 순종하면서 더 깊은 경지의 예배자로 변화됩니다. 여기서 예배자란,

일상에서 하나님의 음성을 듣고 순종하며 살아가는 '삶의 예배자'를 말합니다. 저는 여기까지 훈련된 사람이 바로 영적 '청년기'에 해당하는 그리스도인이라고 생각해요. 이제 독립할 준비가 된 것이죠. 영적인 청년기에 도달했을 때 하나님께서 부르시는 사명지(선교지)로 떠납니다. 그곳에서 하나님께서 보내주신 영혼들을 양육하고 훈련시켜 예배자로 세우는 삶을 살아가는 것이 모든 그리스도인의 사명이에요.

다음세대의 영성을 위한 양육과 훈련

성경에서 말하는 인생관을 요약했던 가장 큰 이유 중 하나는 영적인 부모(가정, 교회, 학교)에게 책임이 있음을 알려주고 싶어서였어요. 부모는 자녀가 삶의 영성을 가진 예배자가 되도록 양육하고 훈련시켜야 할 책임이 있어요. 그렇다면 삶의 영성이란 무엇일까요?

<u>삶의 영성이란 일상 속에서 하나님을 사랑하고 이웃을 사랑하며 주님 안에서 자기 자신을 보배롭고 존귀하게 여기고, 하나님께서 지으신 피조세계를 다스리며 사랑하는 것이에요.</u>

하루아침에 되는 일이 아니지요. 삶의 영성은 하나님을 닮아가는 과정이기 때문에 당연히 시간이 걸려요. 어린아이가 독립할 때까지 부모의 양육과 훈련으로 자라나는 것처럼, 주님의 자녀들도 영적인 부모로부터 양육과 훈련을 받아야 사명자로 성장할 수 있어요.

1. 양육과 훈련 방법: 연합

다음세대의 삶의 현장은 '가정, 교회, 학교'예요. 저는 이곳에서 삶의 영성을 위한 양육과 훈련이 이뤄져야 한다고 생각해요. 가정에서만, 교회에서만, 학교 또는 기관에서만 양육이 가능하다고 생각하는 것은 위험합니다. 양육의 주권은 하나님께 있기 때문이죠. 어느 한 곳에서만 양육을 할 수 있다는 생각은 교만한 생각이에요.

2. 연합사역의 모델: 삼위일체 하나님의 사역 원리

하나님께서 우리에게 자녀를 맡기셨다면 그분의 방법대로 양육해야 해요. 그래서 먼저 하나님이 일하시는 방식을 배우는 것이 중요합니다. 하나님은 구속사의 완성을 위해 어떻게 일하고 계실까요? 성경은 '겸손함으로 연합하는 사역'의 모습을 가르치고 있어요. 복음기도신문에서도 연합사역의 중요성을 삼위일체 하나님의 존재 방식으로 설명하고 있습니다.

하나님 나라의 가장 중요한 핵심요소는 관계다. 하나님 나라의 핵심은 성부 하나님, 성자 하나님 그리고 성령 하나님의 관계에 있다. 삼위 하나님의 관계는 서로 비교하고 경쟁하는 관계가 아닌 자기를 부인하고 상대방을 위해 존재하는 관계이다. 이것이 하나님 나라의 핵심요소이며, 생명의 본질이다. 생명력이 있는 밀알이 땅에 떨어져 썩어 풍성한 열매를 맺듯, 생명의 본질은 십자가의 원리인 것이다. 반면 세상은 비교를 통해서 동기부여를 한다. 비교는 두 대상이 있어야 가능한 것이다. 비교는 '자기의식'에서 출발한다. 자기를 부인하는 십자가가 없어지는 순간, 곧바로 자기가 나타나고 비교가 시작되는 것이다. (중략) 세포로 비유하자면, 우리 몸의 세포 중에서 자기를 위해 살지 않는 세포가 정상적인 세포이다. 그러나 자기를 부인하고 몸을 위해 존재하는 것이 아니라, 스스로를 위해서 존재하는 세포가 있다. 바로 '암세포'다. 암세포가 힘을 얻고, 몸

의 어느 세포보다 강력하게 세력을 확장해 나가면 나갈수록 결과는 모두의 죽음이다.[1]

연합사역의 원리를 삼위일체 하나님의 존재 방식에서 찾을 수 있어요. 겸손함으로, 자기를 부인함으로 하나가 되는 것이죠. 가정과 학교 그리고 교회의 영적인 부모가 경쟁 관계가 된다면 다음세대를 온전한 예배자로 양육하기 어렵습니다. 영적 부모는 마귀가 주는 '자기 의식'의 불화살을 막고 '자기 부인'의 방식으로 연합해야 합니다.

우리에게 독신의 은사가 없는 한 예수님처럼 사역할 수 없음을 인정해야 해요. 예수님은 공생애 3년 동안 12명의 제자와 함께 지내시며 천국 복음을 가르치셨어요. 그러나 독신이 아닌 가정이 있는 대부분의 사역자들은 그렇게 할 수 없어요. 4~14세 사이의 자녀를 둔 수도권 지역의 3040세대 부모를 심방하기 위해서는 밤 10시가 넘어야 해요. 청소년 상담도 마찬가지죠. 다들 너무 바쁜 삶을 살아가고 있기 때문에 더욱 연합해야 할 필요를 느낍니다. 가정, 교회, 학교의 영적인 부모들이 연합할 때, 다음세대를 일상의 예배자로 세우기 위한 온전한 양육과 훈련이 가능해질 거예요.

이해를 돕기 위해 가정, 교회, 학교의 영적인 부모들로부터 제가 어떻게 양육과 훈련을 받아 일상의 예배자(삶의 영성)로 성장할 수 있었는지 나누고 싶어요. 그리고 제게 보내주신 영적인 자녀들을 가정과 교회 그리고 학교(기관)에서 어떻게 양육하고 훈련하고 있는지 이야기하려고 합니다.

---

1 http://gnpnews.org/archives/3448

3. 가정에서의 양육과 훈련

저는 신앙이 형성된 배경을 설명할 때마다 항상 어머니의 회갑기념일 때 하나님께 올려드렸던 9가지 감사기도 제목을 소개합니다. 설교나 강의 또는 문서 사역을 할 때 늘 이 기도문을 소개하곤 합니다. 짧지만 어머니로부터 배운 신앙을 가장 이해하기 쉽게 설명할 수 있기 때문이에요.

네 부모를 공경하라 그리하면 네 하나님 여호와가 네게 준 땅에서 네 생명이 길리라 _출 20:12

아홉 가지 감사기도

• • •

1. 사랑하고 존경하는 그리스도인, 주현순 선교사님의 태에서 제가 날 수 있도록 인도하신 하나님께 감사드립니다.

2. 비가 많이 오는 궂은 날씨에도 불구하고, 당시 7살이던 제 손을 꼭 잡고 교회로 인도하신 어머님을 주셔서 감사드립니다.

3. 아버지가 뇌종양 수술을 받고 2년 동안 벙어리와 반수 불구의 장애인이 되셨을 때, 6개월 동안 병상을 지키며 사랑과 헌신으로 섬기신 어머님. 1년 6개월 동안 몸무게가 70kg 이상 나가는 아버지를 매일 목욕시키고 운동시키셨던 어머님을 보면서 섬김과 사랑을 배울 수 있었습니다. 부부의 사랑과 의무를 가르쳐주신 하나님께 감사를 드립니다.

4. 아버지가 쓰러지신 후, 어머님은 홀로 어린 두 아들을 돌보아야 하는 절망과 고통의 순간에서도 예배자의 삶을 가르쳐주셨습니다. 아침 저녁으로 가정 예배를 드리면서 천국의 삶이 어떤 것인지 깨닫게 해주신 어머님을 주셔서 감사합니다.

5. 신장이식 수술을 하지 않으면 죽을 수밖에 없었던 외삼촌을 위해, 기꺼이 자신의 신장 나누며 복음을 삶으로 증거했던 어머님. 참된 이웃사랑과 복음 증거의 삶을 가르쳐주신 하나님께 감사드립니다.

6. 눈에 넣어도 아프지 않을 둘째 아들을 그의 대학교 입학식 날 교통사고로 잃고 한 줌의 재가 되어 돌아왔을 때, 어머님은 하나님을 원망하지 않으셨습니다. 오히려 "주님께서 모든 것을 아십니다!"라며 날마다 엎드려 기도했던 어머님을 통해, 어떤 상황 가운데서도 "주신 자도 여호와시요 취하신 자도 여호와시니 여호와의 이름이 찬송을 받으실지이다"라고 고백한 욥의 신앙을 가르쳐주신 하나님께 감사드립니다.

7. 어머님이 50대 후반에 선교사가 되어 캐나다로 파송받았을 때, 모든 사람이 무시하고 비웃었고 심지어 아들인 저마저도 이해할 수 없었습니다. 선교사는 현지 언어를 습득해야 한다며, 120개의 암송구절을 영어로 더듬더듬 외우신 어머님을 통해 선교사의 사명과 언어 훈련의 중요성을 가르쳐주신 하나님께 감사

드립니다.

8. 지난 3년 동안 비가 오나 눈이 오나 하루도 빠짐없이 기도하며 2,000명 이상의 사람들에게 전도하셨던 어머님. 하루에 한 명이라도 전도하지 않으면 집에 돌아오지 않으셨습니다. 때로는 중·고등학생들이 어머님 앞에서 담배를 피우며 모욕적인 말을 할지라도 그들을 축복했던 어머님을 통해 선교의 삶이 무엇인지, 영혼을 사랑하는 삶이 무엇인지 가르쳐주신 하나님께 감사를 드립니다. 아무런 열매도 없는 상황 중에도 하나님은 모든 것을 아신다며 포기하지 않으신 어머님께, 아들이 당신의 열매라고 말씀해주시고 이 아들을 통해 수많은 영혼을 주님께로 인도하게 하시니 그 크신 은혜에 감사를 드립니다.

9. 부족한 아들과 며느리를 사랑과 겸손으로 섬겨주시고 격려해주시는 어머님을 통해 섬김의 종이 어떤 모습인지를 가르쳐주신 하나님께 감사를 드립니다.

사랑과 긍휼과 자비의 하나님! 저에게도 은혜를 베풀어주셔서 만약 제가 회갑까지 살 수 있다면, 그때 제 아들 셈과 배 속에 있는 아이가 하나님께 "이런 아버지를 주셔서 감사합니다!"라는 기도를 올려 드릴 수 있는 은혜를 저에게 허락하여 주옵소서. 제 삶이 어머님의 삶처럼 진정한 크리스천의 삶이 되게 하옵소서.

우리 가정을 날마다 기억하시고 언제나 함께하여 주시옵소서![2]

저는 어머니의 삶을 통해 삶의 영성의 핵심인 '예배, 말씀, 기도, 전도의 삶'을 배울 수 있었어요. 가장 비참한 환경 속에서도 예배를 드리는 모습을 보며, 예배가 가장 중요하다는 것을 배웠습니다. 또한 어머니는 성경을 250독 이상 하셨어요. 그 후로는 몇 번 읽으셨는지 숫자를 세지 않았죠. 혹시 '자기 의'가 될 것 같아서 세지 않는다고 말씀하셨어요. 어머니의 아들인 저를 포함한 수제자들은 모두 성경을 100독 이상 했습니다. 또한 어머니로부터 주야로 기도하는 삶, 전도의 삶을 배운 영적 자녀들은 모두 그와 같은 삶을 살아가고 있어요. 저는 어머니로부터 배운 삶의 영성을 이어받아 자녀들에게도 전수하고 있습니다.

4. 가정 예배

저희 가정은 2007년부터 주일과 공적인 예배를 드리는 날을 제외하고 매일 가정예배를 드립니다. 2013년까지는 제가 가정예배를 인도했고 다음 해부터는 아내가 인도하고 있어요.

저희 부부는 아이들이 예배를 사모하고 온전한 예배자로 서기까지 많은 양육과 훈련이 필요하다는 것을 알고 있어요.

평일 가정예배는 30분 이내로 마칩니다. 중요한 것은 거룩한 습관이지 시간이 아니에요. 일상에서 하나님의 음성을 듣고 순종하는 법을 가르치는 것이 핵심입니다. 가정 예배 시간이 길어지면 일상에 무리가 오고 아이들도 예배를 피하게 돼요. 하지만 거룩한 습관이 되면 아이들이 먼저 예배를 드

---

2 김영한 외 3, 《리더십 고민이 뭐니》(목양출판사, 2019), pp.349~352.

리고 싶어하지요. 토요일이나 공휴일에는 찬송을 더 부르거나 풍성한 묵상을 나누는데, 아이들은 이러한 시간을 즐거워합니다. 가정예배는 다음과 같은 순서로 드립니다.

① 찬송가 2곡
② 사도신경 고백
③ 말씀 한장 교독
④ 하나님께서 감동하신 말씀을 기록
⑤ 묵상 나눔
⑥ 말씀에 근거한 기도 및 중보기도
⑦ 주기도문으로 마침

아이들이 가정예배 시간을 기다리도록 만들기 위해 부모가 함께 고민하고 기도해야 해요. 자녀들의 신앙은 가정에서 먼저 형성되어야 하기 때문이죠. 부모가 하나님을 경외하고 섬기는 모습을 보고 배운 아이들은 밖에 나가서도 하나님께 붙들린 삶을 살게 됩니다.

02
가정 양육과 훈련의 실제

성경통독

  자녀들이 글을 처음 배우기 시작할 때는 《스토리 바이블》(두란노키즈, 2008)과 성경 만화 시리즈 등을 통해 말씀을 이해할 수 있도록 했어요. 글을 읽기 시작할 때부터는 일반 성경을 3독할 때까지 소리 내어 읽도록 훈련했어요. 중학교 1학년인 아들은 개역한글과 개역개정 버전 성경을 7독 중에 있으며 초등학교 2학년인 딸은 1독 중에 있습니다. 두 자녀 모두 스토리 바이블과 성경 만화 시리즈를 수십 번 이상 읽었기 때문에 성경 이야기는 거의 다 알고 있어요.

저는 영적인 자녀들에게도 같은 방식으로 양육과 훈련을 합니다. 예비커플 훈련을 받은 지체들이 결혼하여 임신하면 제일 먼저 추천하는 책이 《스토리 바이블》이에요. 임신하는 순간부터 자녀가 자라 글을 읽을 수 있을 때까지 매일 스토리 바이블을 읽도록 지도합니다. 가정예배뿐만 아니라 성경 읽기도 꾸준히 할 수 있도록 가르쳐요.

일대일 양육

아들이 성경을 3독한 이후부터는 일대일 양육을 시작했어요. 처음 1년 동안은 초등학생용 공과 공부 교재로 진행했고, 그다음 2년 동안은 국제제자훈련원에서 출간한 초등학생 제자훈련 교재로 양육했는데 정말 잘 따라왔어요. 양육 시간에는 아이들이 좋아하는 치킨, 피자 또는 아이스크림을 준비했어요. 그리고 양육을 진행하기 전에 주일설교 요약 노트와 말씀 암송, 기도 시간, 전도 대상자 중보기도를 점검했어요. 양육은 주로 아이들의 이야기를 많이 들어주는 편안한 대화식으로 진행해요. 아이들의 고민이 무엇인지 물어보고 학교생활에 관련된 신앙 이야기도 자연스럽게 나눕니다.

중학생인 아들은 이제 교리 책을 가지고 공부하는데 본인이 그 책을 읽고 깨달은 내용을 제게 설명하는 방식으로 진행해요. 초등학교 2학년인 딸도 1학년 때부터 자기도 오빠처럼 일대일 양육을 받고 싶다고 해서 어린이 제자훈련 교재인 '말씀 학교'와 '기도 학교'를 마친 후, 지금은 '복음 학교'를 공부하고 있어요.

저는 아이들에게 신앙의 기본인 예배, 말씀, 기도, 전도를 강조하는 것만큼 학업 태도와 복습을 강조합니다. 학교에서 성적으로 1등 해야 한다거나 시험 점수가 몇 점 이상이어야 한다고 말한 적은 한 번도 없어요. 그러나 하나님께서 주신 꿈과 비전을 찾아가는 과정에서 주어진 일에 최선을 다해야 함을 늘 가르칩니다.

 샘의 편지

아버지에게

아버지 안녕하세요? 저는 샘이에요. 요즘 목요 중보기도 모임과 심방, 부흥 집회를 하느라 힘드시죠? 그리고 저희를 위해서 수요일마다 제자훈련을 하면서 나의 삶을 뒤돌아보게 해주시고, 맛있는 간식을 주셔서 감사합니다. 제가 항상 하나님께 나아갈 수 있게 도와주시고 목요 중보기도 모임 때 저에게 PPT를 맡겨주셔서 예배자로 나아갈 수 있게 해주신 것도 감사해요. 특별히 성경 10장씩 읽는 습관과 복습하는 습관을 만들어주셔서 감사합니다. 늘 예배자로 살아가는 아들이 되겠습니다! 축복합니다!

● ● ●

어머니에게

어머니 안녕하세요? 저는 샘이에요. 요즘 집안일이 많아서 힘드시죠. 제가 설거지, 빨래 걷어오기를 열심히 할게요. 항상 맛있는 아침과 저녁밥을 해주셔서 감사해요. 그리고 14년 동안 가정예배를 드린 어머니가 존경스럽습니다. 항상 주님 안에서 가정예배를 드리며 저에게 좋은 습관을 만들어주시고 예배의 중요성을 알려주셔서 감사합니다. 앞으로도 집안일 열심히 할게요. 사랑합니다.

얼마 전에 중독 강의안을 준비하면서 스마트폰과 게임, 영상물 중독의 심각한 폐해를 알게 되었어요. 그래서 아이들에게 그 영상을 보여준 후, 스마트폰과 게임, 인터넷 중독에 대해 이야기하는 시간을 가졌어요. 영상에서 한 전문가가 60일 정도 스마트폰과 게임, TV 시청을 끊으면 우리 뇌가 정상으로 회복된다고 말하는 것을 듣고 에스더는 60일 동안 영상 시청을 끊겠다고 결단했습니다. 최근 에스더가 유튜브를 보는 시간이 늘어서 염려했는데 좋은 교육 프로그램을 아이들과 함께 보는 것이 도움이 된다는 것을 알게 되었어요.

✚ 에스더의 결단

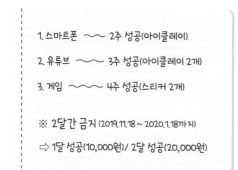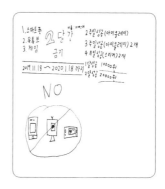

지역교회에서의 다음세대 양육

저희 아이들은 가정예배와 일대일 양육뿐만 아니라 지역교회의 주일학교 양육을 통해서 신앙이 자라나고 있어요.

2012년 7월부터 2013년 6월 말까지 저는 김천에 있는 이천교회 선교사

안식관에 거주했어요. 담임목사님은 저희 가정을 정말 사랑해 주셨고 긍휼의 마음으로 섬겨주셨어요. 시골교회라 성미와 첫 열매 예물이 드려지는 날이면 가장 좋은 것들을 저희에게 나눠주셨어요. 샘은 캐나다에서 태어났고 그곳에서 초등학교 입학 전까지 살아서 그런지 우리말과 문화에 적응하는데 어려움이 있었어요. 목사님은 그런 아들을 칭찬하시며 격려해 주셨습니다. 그래서인지 샘은 매일 밤 8시에 있는 '365기도 모임'에 참석해서 목사님과 함께 찬양하며 기도하는 것을 정말 좋아했지요. 그곳에서 방언도 받고 전도하는 즐거움도 배웠고요. 하나님은 제가 아무것도 할 수 없는 병중에 있을 때도 긍휼의 마음을 가진 목사님을 통해 샘을 양육해 주셨어요. 자녀 양육의 주권도 하나님께 있음을 깨달을 수 있었던 시간이었습니다.

하나님의 은혜로 1년 만에 건강이 회복되어 대구로 오게 되었습니다. 선교회를 개척한 후 두 가정과 매주 예배를 드리지만, 아이들을 어떻게 양육해야 할지 늘 고민이었어요. 그러던 어느 날 저희가 모이는 선교사 안식관 근처에 있는 노곡교회에서 주일학교를 담당하던 전도사님과 부장 집사님이 전도하시던 중 우리 아이들을 발견하셨어요. 저희 주일 모임에는 주일학교가 없는 것을 알고 아이들을 노곡교회 주일학교에 보내면 잘 양육해 주겠다고 하셨죠. 그 지역은 대구의 외곽에 있어 아이들이 거의 살고 있지 않았어요. 그런데도 노곡교회는 주일학교에 많은 재정과 시간, 공간을 투자하고 있었습니다. 그 교회는 아이들의 숫자가 많지 않음에도 주일학교 전도사님과 중고등부 전도사님이 계셨어요. 또한 아이들의 생일 때마다 케이크를 준비했고 해마다 지역에서 열리는 주일학교 연합수련회와 청소년 연합수련회를 위해 회비를 지원해 주고 있었어요. 교육관에는 탁구대를 설치해서 동네 아이들이 쉽게 찾아와 놀 수 있도록 개방했어요. 그뿐 아니라 일 년에 1~2회 정도는 아이들이 좋아하는 야외수영장이나 동물원에 데려갈 정도로 재정을 아끼지 않았죠. 다음세대에 대한 열정이 있는 교회에 아이들을 보낼 수 있다는 것이 얼마나 감사했는지 모릅니다. 다음세대 양육과 훈련을 위해 가정뿐만 아니라 지역교회와 합력하여 선을 이뤄나가는 것도 매우 중요합니다.

학교에서의 양육과 훈련

다음세대가 살아가는 현장은 학교입니다. 그래서 학교에서의 양육과 훈련 역시 매우 중요해요. 다음세대를 위한 학교 중에서 가장 좋은 곳은 '홈스쿨과 기독교 대안학교'라고 생각해요. 왜냐하면 홈스쿨과 대안학교를 운영하는 곳에는 일상의 기도, 일상의 예배, 성경적 세계관 교육이 있기 때문이죠. 그러나 "홈스쿨 교육만 해야 한다! 대안학교만 보내야 한다!"라고 말하는 것은 옳지 않아요. 사람마다 상황과 형편이 다르기 때문입니다. "반드시 홈스쿨 교육을 해야 한다, 대안학교에 보내야 한다"고 말하면 그렇게 할 수 없는 부모들에게는 상처가 되겠죠. 또한 양육의 주권자이신 하나님의 방법을 제한하는 일이 될 수 있어요.

저는 캐나다에 거주하면서 믿음의 선배들이 홈스쿨로 자녀를 양육하는 모습을 봤어요. 아이들의 태도와 성품, 학업능력 그리고 신앙의 수준을 보면서 저희 가정도 홈스쿨을 해야겠다고 마음먹었죠. 영어를 못하는 것은 아니지만 홈스쿨 영어 교재로 아이들을 가르칠 수 있는 수준은 아니어서 큰 아이를 교회에서 운영하는 대안학교로 보냈어요. 감사하게도 신실한 선생님들 덕분에 샘은 1년 동안 kindergarten(초등학교 입학 전 유치원 과정) 교육을 잘 받을 수 있었습니다.

샘은 7살에 한국에 왔어요. 저희 부부는 홈스쿨 교육을 하기로 결정했습니다. 이제 한국어로 아이를 양육할 수 있었기 때문에 가능한 일이었죠.

교육 내용은 '예배, 말씀 읽기 및 암송, 기도, 독서, 운동'으로 정했어요. 그런데 저희 부부는 건강과 여러 사정 때문에 홈스쿨 교육을 이어갈 수 없었어요. 샘은 잠시 저희 부부와 떨어져 처갓집에서 4개월 정도 살았습니다. 장인어른의 권면에 따라 샘은 교회에서 운영하는 공부방에 다녔고, 매일 오후 4시부터 9시까지 4개월간 공부하며 초등학교 1~3학년 교육과정을 마쳤어요. 다시 대구로 돌아와 홈스쿨을 하려고 하는데, 샘이 초등학교에 다니고 싶어 했어요. 왜 다니고 싶은지 물어보니 전도하고 싶고 친구도 사귀고 싶다는 거예요. 저희 부부는 이 문제로 하나님께 기도한 후 응답을 받아 샘을 초등학교 4학년에 입학시켰어요. 샘은 저희 생각보다 훨씬 잘 적응했고 2학기 때는 반 회장도 했어요. 그리고 친구들을 전도하기도 했죠. 선생님들의 평가는 정말 놀라웠어요.

> 집중력이 있고 세밀한 관찰력이 있으며 학교생활에도 충실함. 창의적인 사고력을 바탕으로 역사 문제 해결을 잘함. 매사에 긍정적이며 힘든 일에 대한 불만보다는 해결방안을 먼저 생각하고 학급의 부족한 친구들을 도와줌. 체육활동에 적극적으로 참여하고 프리 테니스 대표 선수로서 열심히 연습함.
> - 6학년 행동특성 및 종합의견

이어서 샘은 중학교에 진학했어요. 감사하게도 그 학교는 수요일마다 예배를 드렸어요. 지역교회 목사님이 학교의 허락을 받아 동아리 교실에서 아이들과 함께 예배를 드리고 월요일에는 큐티 모임을 하며 리더를 양육해요. 샘은 자발적으로 모임에 참석하여 보컬과 안내로 섬기고 있습니다. 저희 가정의 양육 방식을 일반화할 수는 없지만 한 가지는 확실하게 말할 수 있어요. 다음세대를 위한 양육과 훈련의 주권은 하나님께 있다는 것!

우리는 하나님께서 맡겨주신 다음세대를 어떻게 양육하고 훈련해야 하는지 늘 고민하며 기도해야 합니다. 저희 부부도 영적인 자녀들의 양육과 훈련을 위해 현실에 안주하지 않고 가장 좋은 방법을 찾기 위해 계속 기도하고 있어요.

학교에서 공교육을 받고 있는 학생들은 일상에서 스스로 예배와 기도를 드리기 어려워요. 그러나 불가능하지는 않아요. 저는 캐나다 밴쿠버에 있는 일반 학교에서 중보기도 운동을 일으키며 성령 안에서 말씀과 기도로 훈련하는 귀한 사역자들을 만날 수 있었어요. 지역교회가 그들과 연합하여 사역하면 다음세대 사역의 열매를 거둘 수 있으리라 확신합니다.

언젠가 한 수련회 강사로 초청된 적이 있어요. 수련회 참석자는 밴쿠버에 있는 중고등학교에서 등교 1시간 전에 모여 말씀을 묵상하고 기도하는 청소년들이었어요. 이렇게 귀한 청소년들을 이끌고 있었던 조대호 목사님이 1년에 두 차례 1박 2일 수련회를 열었거든요. 저녁 7시에 모여 새벽 2시에 예배를 마쳤어요. 그리고 집에 가려고 하는데 아직 모임이 끝나지 않았다는 거예요. 참석자들의 기도제목을 듣고 그들을 위해 중보기도를 해야 한다고 했어요. 특별히 고등학교 3학년 여학생의 기도제목이 지금도 생생하게 기억납니다. 학생은 울면서 기도를 부탁했어요.

그 자매는 자기 학교의 부흥을 위해 수년간 기도했었는데 졸업하기 전에 하나님께서 두 명의 후배를 보내주셨다고 했어요. 그런데 중학교 2학년인 어린 후배 두 명이 학교를 위한 중보기도를 감당할 수 있을지 걱정이 되고 염려된다는 것이었어요. 그러면서 우리에게 자신의 후배가 학교를 위한 사명을 잘 감당할 수 있도록 기도를 부탁했어요.

저는 그 말을 듣고 큰 감동을 받았어요. 고등학교 3학년이면 당연히 자신의 진로나 가정의 어려움을 이야기할 거라 생각했는데, 하나님 나라와 그의를 위한 기도제목을 말하는 모습을 보니 마치 소망의 빛을 보는 것 같았어요. 저는 학생들의 기도제목을 붙들고 간절히 기도했습니다. 그리고 집에 돌아가려고 하는데, 조 목사님이 아직도 끝나지 않았다고 말씀하셨어요. 이제는 개인 상담시간이라고 하셨습니다.

모든 일정을 마치고 나니 오전 6시가 넘었어요. 무려 11시간 동안 예배와 중보기도, 개인 상담을 했던 것이죠. 몸은 피곤했지만, 마음은 날아갈 듯이 기뻤습니다. 이런 모임에서 초청한다면 언제든지 달려가겠다고 다짐했죠. 학원 사역자 한 명이 여러 학교를 깨우는 지도자 역할을 감당하고 있는 모습은 정말로 귀해 보였습니다. 이런 분들과 연합한다면 다음세대의 영성을 위해 더 많은 일들을 감당할 수 있을 것이라 생각해요.

우리나라의 중고등학교에서도 이런 운동이 활성화되기를 소망합니다. 얼마 전 서울의 한 중고등학교 찬양 집회 강사로 초청받아 갔을 때, 학교에서 일어나고 있는 다음세대 부흥 운동에 대한 이야기를 나었어요. 참석자들에게 중보기도자로 헌신할 것을 권면하자 참석자의 2/3가 헌신했습니다. 교장 선생님부터 어린 학생들까지 학교의 부흥을 위해 매일 기도하겠다는 거예요.

학교에서 일상의 기도, 일상의 예배가 드려진다면 바로 그곳에 하나님의 나라가 임할 것이라 확신합니다.

03

올리브 선교회의 훈련:
삶의 영성 제자훈련

성경에서 말하는 가정을 세우기 위해 결혼예비학교와 신혼부부 상담, 제자훈련을 하면서 삶의 영성을 위한 양육과 훈련이 절실함을 느꼈어요. 삶의 영성은 일상에서 하나님을 사랑하고 이웃을 사랑하는 것입니다. 그리고 자기 자신을 보배롭고 존귀하게 여기며, 하나님께서 지으신 피조세계를 잘 다스리고 사랑하는 것이죠. 이러한 삶의 영성은 거룩한 습관이에요. 거룩한 습관을 지니기 위해서는 훈련이 필요해요. 그래서 저는 삶의 영성 제자 훈련학교 프로그램을 기획했고 지금까지 1년에 한 차례씩 17주간의 양육과 훈련을 진행했어요. 이 훈련학교의 목적은 일상에서 선교하는 삶, 선교 지향적인 인생을 살 수 있도록 가르치는 데 있어요. 특별히 대학생들과 결혼을 앞둔 청년, 신혼부부를 대상으로 해요. 마지막으로 제가 어떻게 섬기는지 참고하면서 각자 섬기는 곳에서 적용해 보면 좋겠습니다.

✚ 올리브 선교회 제2기 삶의 영성 제자훈련 학교

1. **시간:** 토요일 오전9시부터 오후3시 (총 4교시로 진행)
   1교시 09:00~10:20
   2교시 10:40~12:00
   3교시 13:00~14:30
   4교시 14:30~15:00 (토론 및 은혜 나눔)
2. **기간:** 2019.03.09.~2019.06.30. (17주간)
3. **모집방법:** 개별 인터뷰 통과자 12명
4. **삶의 영성 제자훈련:** 17주

회차	날짜		제2기 삶의 영성 제자훈련 강의
1	03.09	1교시	올리브 선교회 비전 및 오리엔테이션
		2교시	개강예배: 하나님 나라(1) 복음의 씨앗과 열매
		3교시	통큰통독(1) 서론/1주:1~6일
2	03.16	1교시	복음학교(1) 1~2강
		2교시	통큰통독(2) 2주: 7~12일
		3교시	하나님 나라(2) 좁은 문 좁은 길 (마 7:13~14)
3	03.23	1교시	복음학교(2) 3~5강
		2교시	통큰통독(3) 3주: 13~18일
		3교시	하나님 나라(3) 소명과 사명
4	03.30	1교시	복음학교(3) 6~8강
		2교시	통큰통독(4) 4주: 19~24일
		3교시	세계관(1) 세계관 입문 강의: 어떤 세계관으로 살아야 할까?
5	04.06	1교시	복음학교(4) 9~11강
		2교시	통큰통독(5) 5주: 25~30일
		3교시	하나님 나라(4) 마지막 때의 참된 신앙
6	04.13	1교시	복음학교(5) 12~14강
		2교시	통큰통독(6) 6주: 31~36일
		3교시	세계관(2) 기독교 세계관 강의: 창조(하나님), 타락(죄), 구속(예수님)

7	04.20	1교시	복음학교(6) 15강~18강
		2교시	통큰통독(7) 7주: 37~42일
		3교시	세계관(3) 기독교 문화관 강의: 우리는 문화를 먹고 산다
8	04.27	1교시	복음학교(7) 19~21강
		2교시	통큰통독(8) 8주: 43~8일
		3교시	세계관(4) 기독교 직업관 강의: 이 세상에 무엇이 되어
9	05.04		Feedback Day 및 야외 수업
10	05.11	1교시	삶의 영성(1) 예배에 성공하는 자가 세상을 이길 수 있다! (롬 12:1~2)
		2교시	복음학교(8) 22~25강
		3교시	통큰통독(9) 9주: 49~54일
11	05.18	1교시	삶의 영성(2) 성경은 하나님의 말씀이다! (딤후 3:16~17)
		2교시	복음학교(9) 26~27강
		3교시	통큰통독(10) 10주: 55~60일
12	05.25	1교시	삶의 영성(3) 너는 내게 부르짖으라! (렘 33:2~3)
		2교시	복음학교(10) 28~29강
		3교시	통큰통독(11) 11주: 61~66일
13	06.01	1교시	복음학교(11) 30강
		2교시	통큰통독(12) 12주: 67~72일
		3교시	선교의 역사적 관점 1
14	06.08	1교시	삶의 영성(4) 전도, 누구나 할 수 있다! (고전 3:6~9)
		2교시	복음학교(12) 31~33강
		3교시	통큰통독(13) 13주: 73~78일
15	06.15	1교시	통큰통독(14) 14주: 79~84일
		2교시	선교의 역사적 관점 2
		3교시	성경적인 결혼관(1)
16	06.22	1교시	통큰통독(15) 15주: 85~90일
		2교시	성경적인 결혼관(2)
		3교시	중국선교 그것이 알고 싶다
17	06.29	1교시	북한선교 그것이 알고 싶다
		2교시	종강예배
		3교시	종강파티

훈련생은 매주 목요일 중보기도 집회에 참석하고 자기 성찰 페이퍼를 작성해서 제출해야 해요. 이를 통해 내면 점검과 삶의 변화를 체크하는 습관을 기를 수 있어요. 저는 매주 훈련자의 자기 성찰 페이퍼를 읽고 성경적인 원리를 제시하며 신앙상담과 피드백을 해줍니다. 신학교에서 배웠던 방식이지요. 제가 졸업한 신학교에서는 리더십 과목을 필수로 4과목 이상 들어야 졸업이 가능했어요. 매주 리더십 과목을 이수하기 위해 저는 지역교회와 학교, 기관에서 매 학기 15주간 인턴 사역을 했어요. 인턴 과정을 거치며 멘토의 지도를 받고 늘 자기성찰 페이퍼를 작성했죠. 그리고 신학교 교수님과의 소그룹 모임에서 인턴 사역을 하며 고민되는 여러 가지 이슈를 논의했어요. 그뿐 아니라 성경적인 해결점에 대해 생각하고 배우는 시간도 가졌습니다. 이 과정 또한 한 달에 한 번, 자기 성찰 페이퍼를 써야 했어요. 이 모든 과정이 제게는 삶의 영성을 위한 양육과 훈련에 큰 도움이 되었어요.

✚ 자기성찰 페이퍼 작성 방법

통독을 제외한 모든 강의는 강의를 들은 후,
① 자기성찰 페이퍼에 강의 시간에 특별히 와닿았던 내용을 요약해서 적습니다.
② 그 이유를 기록합니다.
③ 마지막 부분에는 구체적인 결단 내용과 한 주간 어떻게 적용하며 살았는지 구체적으로 적습니다.
④ 매주 금요일 자정까지 이메일 또는 카카오톡으로 제출합니다.

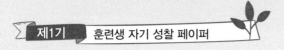

1교시 : 삶의 영성

전도 누구나 할 수 있다!

> ○ 고린도전서 3:6
> 16주차(2019. 01. 19.)

✚ 강의 요약

- 창세기 6~9장에서 노아는 세상의 소리에 집중하지 않고 오직 하나님의 음성만 듣고 순종하여 방주를 만들었다.(미처 생각하지 못한 부분이었음. 그 시기에 세상 사람들은 노아가 참 이상한 사람으로 보였겠다는 생각을 함)
- 라합은 소문으로 듣고, 들음으로 믿었다.
- 선교사님은 전도자가 예배의 자리에 오면 항상 가운데 앉게 하고 그분이 예배를 통해 은혜 받기를, 하나님이 만져주시기를 기도했다.
- 사람의 힘으로 안 될 때 선교사님은 늘 기도하셨다.(믿지 않는 사람이 교회가는 꿈을 꾸게 해달라고 기도했던 간증)
- 전도는 생명을 살리는 것이다.
- 전도는 힘이 생기게 한다!
- 땅 밟기를 하라!
- 복음을 전하라!

✚ 강의 요약 이유

노아 이야기를 들으며 놓치고 있던 부분을 보았다. 도무지 이해가 되지 않고, 주변에서 미친 짓이라며 욕해도 주님의 음성에 순종해야 한다는 것을 깨달았다. 선교사님의 간증을 들으면서 더욱 깊이 깨달을 수 있었다. 기도하고 확신을 주시면 무조건 순종해야 하고 그다음은 주님께 맡기면 된다. 주님이 일하신다!

아프고 힘든 시간을 보낸 선교사님의 간증이 같은 상황에 처한 사람들을 다시 주님께 나아오게 했다. 나도 남들이 평생을 살면서 한 번 겪을까 말까 한 일을 어린 나이에 겪으면서 왜 나에게 이런 일이 있는 생기는지 질문했던 때가 기억났다. 그 경험을 통해 주변 지체의 어려움에 공감하고 위해서 기도할 수 있으니 감사하다. 우리 하나님은 한 분이시며 그분은 우리를 통해 일하신다. 선교사님의 간증을 듣고 있는 내내 '전도를 하려면 먼저 기도에 힘써야 한다!'는 생각이 들었다. 전도는 어렵고 힘든 것이라고만 생각했는데 예배와 기도, 말씀이 연결되면서 전도가 된다는 간증을 들으며 관점이 달라졌다.

✚ 결단과 삶의 적용

수업을 마무리하며 '마침은 다시 시작이다!'라는 마음을 주셨다. 처음이라 따라가기도 힘들었지만 다시 히브리서 암송과 로마서, 에베소서 읽기부터 시작해야겠다. 그리고 전도는 내가 하는 것이 아닌 하나님이 하시는 것임을 알았다. 주님께 맡기고 나는 기도하고 씨 뿌리는 자가 되어 예배와 말씀, 기도와 전도에 힘써야겠다. 2기를 시작할 때 같은 공간에는 없지만 통독도 같이 하고 기도에도 힘쓰며 일상의 예배자로 살아야겠다.

✝ 느헤미야 중보기도 모임(기도 훈련)

삶의 영성 제자훈련을 받는 지체들은 매주 목요일 '느헤미야 중보기도 모임'에 참석합니다. 훈련생들은 모임 시작 30분 전에 먼저 와서 중보기도 양육을 받습니다. 하나님께서 제게 주신 사명 중 하나는 예루살렘 성벽 위의 파수꾼과 같은 중보기도자를 세워서 사명의 자리를 지키게 하는 것이에요. 다음세대를 위한 부흥과 제자훈련의 가장 중요한 기초는 '중보기도'라고 확신해요. 그래서 올리브선교회에서는 2018년 10월 4일 목요일부터 느헤미야 중보기도 모임을 시작했어요. 저는 매주 목요일 오후 7시 30분부터 10시까지 중보기도자들을 세우고 격려하는 모임을 인도하고 있습니다.

느헤미야 중보기도 모임에서는 다음과 같은 주제를 다루고 있습니다.

시즌 1 2018. 10~2019. 07

    2018. 10~12월 무너진 성벽을 재건하라

    2019. 01~02월 하나님 나라를 살라: 팔복시리즈

    2019. 03~05월 제1기 중보기도 학교

    2019. 06~07월 마지막 때의 참된 신앙

시즌 2 2019. 09~2020. 07

    2019. 09~12월 예배를 위해 기도하라

    2020. 01~02월 주님께서 가르쳐주신 기도를 하라

    2020. 03~05월 제2기 중보기도 학교

    2020. 06~07월 다음세대를 위해 기도하라

† 하나님을 아는 진정한 기쁨 — 안수지

1. 삶의 영성 제자훈련을 하게 된 동기

6년 전에 하나님을 인격적으로 만나고 광야에 들어갔습니다. 모든 순간을 하나님과 동행했지만 현실에서는 많은 좌절을 경험했습니다. 경건생활도 남들보다 많이 하고 나름의 거룩함을 추구했어요. 그러나 제가 경험한 좌절들로 마음이 많이 상했고 바닥까지 내려가서 회복될 수 없었습니다. 제 힘으로는 해결할 수 없는 쓴 뿌리들을 발견했지요. 과거의 실패 때문에 괴로웠고 다시 시작하고 싶어도 마음이 살아나지 못해서 주저앉는 일이 반복되었어요.

목표를 향해서 열심히 노력했지만 제 계획대로 되지 않았고 남은 것은 허무함뿐이었습니다. '무엇 때문에, 무엇을 위해서 열심히 살았을까?' 하는 생각이 들었습니다. 이처럼 절망적인 상태였던 저는 지현호 목사님이 제자훈련을 하신다는 이야기를 전해들었습니다. 전에는 내 목표를 위해 달려왔다면 이번만큼은 하나님께 시선을 두고 열심을 내보고 싶다는 마음이 생겼어요. 솔직하게 말하면 살고 싶었습니다. 2월에 목사님과 인터뷰를 했는데 그때 '내가 회복될 수 있는 길은 바로 이 교육이고 처음이자 마지막 기회다!'라는 생각이 강하게 들었습니다. 저는 이 기회를 잡기로 결심했고 인터뷰를 통과한 후 3월부터 교육에 참여했어요.

2. 변화된 점

처음에는 변화가 잘 느껴지지 않았습니다. 3월에는 '내가 정말 변화되고 회복될 수 있을까?' 하는 생각이 들었고 마지막 기회라고 생각한 이 교육마저도 그저 그런 시간이 될까봐 두려웠습니다. 하지만 4월에 들어서자 어느 순간 기적처럼 감사를 표현하고 있는 제 모습을 발견했어요. 아침에 눈을 뜨면 하나님께 '감사합니다!'라고 표현했습니다. 대학원 과정을 할 수 있음에, 좋은 목사님께 교육받을 수 있음에 그리고 아침마다 교육 과제를 하는 이 모든 것이 감사했습니다. 그러자 제 마음에 기쁨이 느껴지기 시작했습니다.

복음 학교에서 날마다 십자가에 직면하는 연습을 했고, 피해 다녔던 십자가를 통과하니 자유를 체험할 수 있었어요. '진리가 너희를 자유케 하리라!' 이 말씀이 제 삶으로 다가왔고, 이 자유함을 주변에 전해주고 싶었습니다. 항상 무기력함과 과거에 대한 절망, 미래에 대한 걱정으로 버겁게 살아왔는데 매일 아침 하루치 분 성경을 읽었고 성경책을 덮을 때면 알 수 없는 기쁨이 차올랐습니다. 매일 기쁨과 감사함이 생기니 다시 열심히 살아보고 싶다는 소망이 생겼어요. 그리고 이제는 내 힘과 의지로 인생을 계획하고 살아가는 것이 아니라 하나님께 내 힘과 열정을 쏟고 싶다고 고백하게 되었습니다. 동시에 제 존재 이유에 대한 궁금증도 조금씩 해결되었습니다. 왜 '나'라는 존재가 창조되었고, 하나님께서는 나에게 어떤 계획을 세우고 계시는지, 하나님의 나라를 위해 내가 어떤 일을 할 수 있는지 고민하기 시작했어요. 교육을 받기 전에 목표로 삼았던 내적 변화는 실제가 되었고, 마음이 회복되면서 소망이 생겼습니다. 무엇보다 '하나님을 아는 진정한 기쁨'이 무엇인지 깨달았습니다.

3. 이런 사람들에게 추천하고 싶어요

내적으로 어려움이 있는 사람, 인생의 풍랑을 만나서 어찌할 바를 알지 못하는 사람, 광야를 헤매다가 너무 지쳐서 더 살아갈 힘이 없는 사람들에게 이 교육을 추천합니다. 어쩌면 이런 교육은 어느 정도의 성경 지식을 갖추고 훈련받은 사람들이 들어야 한다고 생각할 수도 있습니다. 하지만 더 이상 자신의 문제에 묶이지 않고, 하나님이 주시는 기쁨으로 살았으면 하는 바람으로 이 교육을 추천합니다. 하나님을 향한 마음과 교육에 뛰어들 의지만 있다면, 이전에 어떤 훈련을 받았는지는 중요하지 않습니다. 마음이 가난하고 내면이 바닥에 있는 사람일수록 극적인 효과를 볼

수 있을 것입니다. 인생의 긴 시간 동안 4개월만 떼어서 이 교육
에 우선순위를 두신다면, 오해하고 있었던 하나님의 뜻을 깨닫고
내적으로 큰 변화를 느끼실 겁니다.

† 묵상하는 습관과 마음의 변화   - 송진기

1. 삶의 영성 제자훈련 학교를 신청한 동기

저는 믿음의 1세대로 예수님을 믿은 지 3년이 조금 지났습니다. 훈련을 받기 전에는 예수님이 어떤 분이신지 잘 몰랐습니다. 말씀에 대해서도 정확히 잘 알지 못했습니다. 그런데 마지막 때를 살아가고 있는 우리이기에 항상 깨어 있어야 하고, 이 시대의 참 제자가 되어 주님을 닮아가고 싶다는 갈급함이 생겼습니다. 마침 선교사님이 섬기고 계신 올리브 선교회에서 찬양 인도를 하던 중 저에게 정말 필요한 훈련인 것 같아 많은 것을 내려놓고 훈련을 받기로 결단했습니다.

2. 변화된 점

가장 큰 변화는 매일 새벽에 말씀을 읽고 묵상하는 습관이 생겼고, 마음의 중심이 하나님께 맞추어졌다는 것입니다. 세상을 살아갈 때 수많은 선택을 하는데 그럴 때마다 말씀, 특히 그날 새벽에 묵상한 말씀에 근거한 선택을 하게 되었습니다. 말씀이 제 삶에서 실제가 되는 것을 경험했죠. 또한 이렇게 묵상한 것들을 SNS로 함께 나누고 교제하다 보니, 주위 분들에게 선한 영향력을 끼치게 되었습니다. 제가 변화되니 주위 사람들도 자연스럽게 변하는 것을 체험했어요. 마지막으로, "주님이 하신다!"라는 믿음이 더욱더 굳건해졌습니다.

3. 이런 사람들에게 추천하고 싶어요

주변 사람들에게 삶의 영성 제자훈련 학교를 추천하면, 관심은 갖지만 대부분 훈련 강도 때문에 망설였습니다. 저 또한 인터뷰를 통과한 후, 3월 9일 첫 훈련을 받을 때까지만 해도 자신이 없었습니다. 하지만 개강 예배 때 지현호 선교사님이 선포하신 말씀 중 '자기 부인'이라는 단어가 가슴에 와 닿았습니다. 그때부터 제 생각은 내려놓고 하나님만 의지하며 도우심을 구했습니다. 결국 하나님이 하셨습니다. 우리의 힘으로는 할 수 있는 게 없습니다. 혹 자신이 없어서 머뭇거리는 분이 있다면 자기를 부인하고 하나님을 경외하는 마음으로 엎드리면 됩니다. 그러면 하나님이 열매를 맺게 해주십니다.

나가며: 연합사역을 소망하다

삶의 영성 제자훈련 1기 때는 4명, 2기 때는 3명의 지체가 훈련 받았어요. 감사한 점은 2기 학생 모두 훈련프로그램을 통과했다는 것입니다. 1기 때와 달리 2기 때는 더욱 금식하고 기도하면서 중보기도를 많이 요청했어요. 그래서 1기 때 부족했던 것을 보완할 수 있었어요.

최근 들어 결혼 학교와 삶의 영성 제자훈련 학교를 지역교회와 함께하자는 요청이 들어오고 있습니다. 정말 기쁜 일이죠. 올리브 선교회가 교회와 협력하여 선을 이루는 것은 예수님을 더욱 드러내는 일이라 믿습니다. 그래서 연합사역을 기쁨으로 함께하고 있습니다. 다음세대의 영성을 위한 양육과 훈련을 위해 더 많은 연합사역이 일어나기를 간절히 소망합니다.

우리가 알거니와 하나님을 사랑하는 자 곧 그의 뜻대로 부르심을 입은 자들에게는 모든 것이 합력하여 선을 이루느니라 _롬 8:28

예배, 교육과 훈련, 선교에 헌신하는
공동체의 특징은 '회복'이 있다는 거예요.
한 사람이 회복되면 그 한 사람이 많은 영혼을 섬기고
회복시킵니다. 그런 생명력이 있는 공동체는
아름답고 영향력이 있으며 더 강해지죠.
그리고 부흥의 주춧돌이 됩니다.

양육에 미치게
하는 요소를
잡아라!

우리를 양육하시되 경건하지 않은 것과 이 세상 정욕을
다 버리고 신중함과 의로움과 경건함으로 이 세상에 살고

디도서 2:12

01
다음세대 양육

건강한 교회 양육은 3가지 키워드를 바탕으로 이루어집니다.

key word 1. 훈련

key word 2. 팔로워

key word 3. 로드맵

각 키워드의 특성을 알면 유기적인 양육이 가능해요. 그렇기 때문에 해당 키워드를 정확하게 이해하고 실천해야 합니다.

자기 훈련에 미쳐 있는 리더가 돼라

제가 다음세대 사역을 이렇게 오래 할 줄 몰랐어요. 원주민 마을에 가서 예배를 드릴 때 '이 시대에 강도 만난 자는 누구일까?'라는 질문이 생겼어요. 그때 제게는 다음세대가 떠올랐습니다. 교회마다 다음세대가 중요하다고 하지만 정작 그들을 돌보지는 않는 것 같았어요. 위기감만큼 투자를 하지 않는 것 같아 가슴이 아팠죠.

한국에 돌아와 다음세대를 돌아본 후 그들이 심각한 사각지대에 있다는 것을 실감했어요. 한국교회에서의 다음세대 사역은 그저 교구 사역이나 담임 목회의 전 단계로만 여겨지고 있는 듯해요. 현실이 이렇다 보니 다음세대 현장에서 치열하게 사역하고 있는 사람이 많지 않아요.

얼마 전, 다음세대 사역을 하면서 모아둔 자료를 사역자들과 나누었어요. 처음엔 몇 명에게라도 도움이 되면 좋겠다는 생각이었죠. 그런데 수천 명이 신청했어요. 영어예배 자료는 3,500명 이상의 사람들이 신청했고요. 양육 및 제자훈련 자료는 6,500명이 신청해왔어요. 저는 다음세대 자료를 필요로 하는 수많은 사람이 있다는 사실을 알았고 더욱 적극적으로 다음세대 사역자들을 위한 세미나, 집회, 자료 나눔을 해야겠다는 생각이 들었어요.

다음세대 교역자들이 자료에 목말라하는 이유가 무엇일까요? 그건 다음세대 사역을 제대로 배우고 훈련받은 후에 현장에 투입된 교역자가 많지 않다는 의미예요. 즉 다음세대를 양육하고, 섬기기를 원하지만 어떻게 해야 할지 모른다는 방증이지요. 그러니 다음세대 사역이 쉽지 않고, 특히 성숙과 부흥의 초석이 되는 양육이 제대로 이루어지지 않는 거죠. 양육의 소중함을 알고, 다음세대를 위해 목숨 걸고 미친 듯이 섬기는 훈련된 리더가 필요해요.

양육을 잘하려면 어떻게 해야 할까요? 예를 들어, 수영선수가 수영을 잘하기 위해 물에서만 훈련을 할까요? 그렇지 않지요. 웨이트 트레이닝도 하고, 이론도 배우고, 자신의 모습을 모니터링 하기도 합니다. 마찬가지로 양육 리더는 양육을 위한 충분한 준비를 한 뒤 현장에 뛰어들어야 해요.

1. 기본 훈련: 영성

그렇다면 다음세대 양육을 위해 교역자가 해야 할 가장 기본적인 훈련은 무엇일까요? 그것은 바로 '영성 훈련'이에요. 리더에게 영성 훈련만큼 중요한 것은 없어요. 영성이 없으면 목회든 양육이든 제대로 이루어질 수 없습니다. 목회자의 영성은 끊임없는 말씀 묵상과 기도, 찬양으로 훈련해야 합니다. 무엇보다 말씀 묵상은 꾸준히 해야 해요. 저는 매일 묵상을 한 후 SNS에 올리고, 부장단이 모인 곳을 비롯해 여러 카카오톡방에 올려요. 물론 쉬운 일은 아니에요. 최근 코칭 세미나에 2박 3일 동안 참석하느라 시간이 없었지만, 밤 12시부터 새벽 1시까지 말씀을 묵상하고 잠들었어요. 양육을 하는 목회자나 리더는 치열하게, 규칙적으로 말씀을 읽고 묵상해야 해요. 그래야 양육할 때 더 깊이 있는 말씀으로 하나님의 뜻을 나눌 수 있습니다.

우리가 악기를 연주 할 때 처음에는 한 마디에 네 박자를 맞추는 것이 쉽지 않아요. 그러나 익숙해지면 한 박을 반 박으로 나눌 수 있어요. 다음에는 비트를 나눠서 더 쪼갤 수 있고, 시간이 지날수록 난이도가 높은 박자를 다룰 수 있죠. 4비트에서 8비트를, 8비트에서 16비트를, 16비트에서 32비트로 쪼개어 다룰 수 있는 거예요. 처음에는 양육반 하나도 제대로 섬기기 어렵지만, 시간이 갈수록 여러 양육 과정을 더 깊고 다양하게 감당할 수 있게되는 것이죠.

결국 영성은 규칙적인 말씀 묵상과 삶에서 나옵니다. 그리고 반복적인 영성 훈련은 양육을 감당할 수 있는 힘이 되고 양육의 세분화, 세밀화, 다양성을 갖게 하는 역할을 해요. 이렇게 내공이 쌓이게 되는 거예요.

2. 기본 훈련: 명확한 목회철학

또 하나의 훈련은 양육에 대한 명확한 목회철학을 갖는 것입니다. 양육에 대한 목회철학이 있어야 양육의 방향성을 잡고, 과정의 틀을 만들 수 있기 때문이에요.

양육은 간단한 과정이 아닙니다. 양육자의 목회철학은 양육 받는 자의 삶의 방향과 가치관에 큰 영향을 주기 때문이에요. 그렇기 때문에 양육자는 건강한 목회철학을 정립하고, 그에 맞는 일관된 양육을 진행해야 해요.

저도 처음에는 양육에 대한 목회철학이 정확하지 않은 상황에서 중구난방으로 교재를 선택했죠. 그러자 대상자가 혼란스러워했어요. 그래서 저는 다음세대 양육에 대한 목회철학을 명확하게 정립하고, 그에 따른 양육 교재인 '101, 201, 301, 401 교재'를 집필했어요. 각 책에는 양육에 대한 저의 목회철학을 담았고 다음세대의 눈높이에 맞는 내용으로 구성했죠.

《101 겨자씨》: 태신자가 정착할 때 복음을 배우며 믿음의 가지를 뻗도록 돕는다.
《201 바나바》: 다음세대가 하나님과 더 친밀한 관계를 맺도록 한다.

《301 두 돌판》: 하나님의 백성으로 거룩한 성화의 삶을 살아가도록 한다.
《401 다림줄》: 바른 신앙의 기준과 척도를 잡도록 한다.

양육에 대한 확실한 목회철학을 바탕으로 일관성 있는 양육을 진행하자 사람들의 태도와 반응이 크게 달라졌어요. 이것이 양육자가 목회철학을 갖고 있느냐 없느냐의 차이입니다.

리더는 무엇을 준비해야 할까?

1. '제대로 하는' 리더가 돼라!

그렇다면 양육하는 목회자나 리더는 어떻게 준비되어야 할까요? 한 선교단체에서 인터뷰를 하러 왔었어요. 그때 이런 질문을 받았습니다.

"목사님, 저희 단체 간사들에게 조언을 부탁드립니다. 현장에서 섬기는 간사들은 1~2년의 경험밖에 없습니다. 막 대학을 졸업해서 훈련 받고 필드로 나갔거든요. 그래서 '동기부여'가 충분하지 않습니다. 그러다 보니 양육 또한 어려워요."

저는 이렇게 답했어요.

"젊은 간사님이든 나이든 간사님이든 사실 똑같아요. 자신이 정체되어 있으면 지체들은 공동체를 떠나요. 매너리즘에 빠져 있는 공동체가 되면 지체들은 당연히 서서히 가라앉는 공동체를 떠나는 거죠. 나이가 많은 간사님들도 지속적으로 자신을 깎고 성숙해지지 않으면, 지체들은 경험이 많은 간사님이라도 떠날 것입니다.

매너리즘에 빠지면 사람들이 권태기에 들어가잖아요? 끊임없이 자신을 채찍질하지 않으면 공동체 멤버가 곧바로 알아요. 만약 젊은 간사님이 매일 말씀을 묵상하면서 은혜의 메시지를 나누어주면 어떻게 될까요? 또 멤버들에게 늘 기도제목을 물어보면 어떻게 느낄까요? '어? 이 간사님 뭐지!' 나이도 많지 않은 간사님이 말씀 암송을 열심히 하고, 대화 중에도 말씀이 막 나오니까 도전이 되겠죠. 늘 성경 연구에 힘쓰는 간사님께 뭔가 더 배우고 싶으니 그 공동체를 떠나고 싶겠어요? 주중에도 늘 문자와 카카오톡으로 말씀을 보내주니 존경스러운 마음도 들 거예요."

즉, 리더가 스스로 훈련하지 않으면 양육이 잘 되지 않는다는 말입니다. 노력하지 않으면 곧 바닥이 드러나요. 사람들은 그런 리더를 따르지 않아요. 그 리더와 동역하던 사람들도 영적 침체기에 빠지게 되죠. 예를 들어 볼게요. 탁구장에 가면 탁구 부수 3부부터 관장이 될 수 있어요. 그런데 3부가 관장이 되면 2부와 1부의 실력을 갖고 있는 사람은 그 탁구장에 등록하지 않아요. 4부, 5부, 6부의 사람들만 등록하죠. 하지만 1부인 사람이 관장을 하면 2부, 3부가 들어와요. 만약 선수급이 관장을 하면 1부와 1부 플러스 부수도 와서 치게 되는 거예요. 왜 그럴까요? 사람들은 자신보다 부수가 높은 사람에게 배우고 싶어 하기 때문입니다.

그래서 양육을 하는 리더는 반드시 자신의 급수를 올려야 해요. 끊임없는 자기 성찰과 경건 훈련을 해야 해요. 벌이 꽃의 향기를 맡고 와서 머물듯 성숙한 리더의 곁에는 양육을 받고자 하는 사람들이 모여들어요. 양육하는 리더는 부단히 노력해야 돼요. 어리다고 사역 연수가 적다고 핑계를 댈 필요가 없어요. 어차피 1년 동안 사역을 다 익히는 것은 불가능해요. 헬스

장에 얼마나 오래 다녔느냐가 아니라 얼마나 제대로 트레이닝을 하고, 제대로 근육을 만들었는지가 중요하죠.

이렇듯 양육을 '제대로 하는' 리더가 되려면, 지식이 아니라 바른 태도와 자세, 헌신된 마음을 지녀야 해요. 그리고 훈련을 바탕으로 한 현장 경험으로 한 영혼을 품고 성숙시켜야 해요.

2. '양육에 미쳐가는 팔로워'를 만들어라!

양육을 받으려는 다음세대가 많지 않은 이유는 무엇일까요?

목회자가 설교를 잘 준비해야 합니다. 월요일부터 뼈대를 잡아 나가며 준비해야 하죠. 예배에서 메시지가 60~70퍼센트 이상을 차지하고 있기 때문에 말씀이 좋아야 교육과 훈련으로 이어집니다. 그런데 수많은 탐방팀이 와서 하는 공통 질문이 있어요.

"왜 교육과 훈련에 참여하지 않는지 모르겠어요! 왜 선교 프로그램에 신청을 안 하는지 모르겠어요! 왜 수련회에 신청하지 않는지 모르겠어요!"

왜 그럴까요? 어떤 분은 이렇게 말했어요.

"조금 솔직한 말씀과 질문을 한 가지 드리고 싶은데요. 목사님은 재정이 튼튼한 교회에서 사역하시고 함께 사역하는 사역자들도 있잖아요. 그런데 저희 교회는 재정이 열악하고 전통적인 교회입니다. 우리는 어떻게 해야 할까요?"

저는 이런 질문을 받을 때마다, 제가 개척교회를 섬겼던 이야기와 중형교회에 부임했을 때 어떻게 공동체를 세워갔는지 나누었어요. 한 중형교회를 갔더니 청년부 상황이 좋지 않았고 출석인원도 한 자릿수였어요. 그 청년부를 3년 동안 맡아 섬겼더니 6~7배로 부흥했어요.

사이즈나 재정보다 중요한 것이 있어요. 그것은 바로 '리더를 세우고, 공동체를 양육할 청사진이 있느냐?'예요.

지금 한국교회는 규모가 크고 예산과 인력이 있어도 사역이 잘 안 되는 경우가 많아요. 다시 말해서 크다고 다 되는 게 아니고 반대로 작다고 안 되는 것도 아니라는 뜻입니다. 사역 현장에서 양육의 원리, 기획, 노하우를 가지고 있는지 살펴봐야 해요. 무엇보다 양육을 왜 해야 하는지 그 동기와 이유가 분명해야 해요. 또한 양육의 결과가 어떻게 되는지 알면 결코 포기할 수 없을 거예요.

그럼 어떻게 시작해야 할까요? 요즘 젊은이들은 예전보다 더 바쁘고 분주해요. 이런 사람들을 어떻게 양육하여 성숙시킬 수 있을까요? 다음세대를 보면 학업량과 업무량이 굉장해요. 그만큼 스트레스도 많지요. 힘겨워하는 그들을 보며 교회에서까지 힘들게 양육을 해야 하는가 고민이 될 때도 많을 거예요. 하지만 그들의 삶을 보면 '자신이 필요하고 원하는 일'에는 최선을 다해요. 동기가 있으면 잠을 줄여서라도 해내고야 말죠. 게임을 좋아하는 사람, 춤을 좋아하는 사람, 책 읽기를 좋아하는 사람들은 피곤하더라도 밤늦게까지 좋아하는 일을 해요.

교회에 의사 청년들이 있는데요. 인턴이나 레지던트 의사들이 리더모임에 와요. 바쁘고 분주할 텐데도 와서 헌신합니다. 당직 후 잠을 자야 하는데, 그 피곤한 몸을 이끌고 교회로 오는 겁니다. 생각해 보세요! 크리스천만 바쁜가요? 넌크리스천은 안 바쁜가요? 모두 바빠요. 힘들어도 동기가 있으면 잠을 안 자고도 헌신해요. 이 신앙적 동기를 교역자가 끌어내주고 섬세하게 양육해야 합니다. 영적인 의사로서 양육 리더는 지체들을 잘 살피고 늘 강건하게 서 있을 수 있도록 이끌어줘야 해요.

야행성 장수풍뎅이는 일반 장수풍뎅이에 비해 가격이 두세 배나 비싸요. 야행성 장수풍뎅이는 남들이 잘 때 깨어서 날아다녀요. 밤에 날면서 날갯짓을 하고 근육을 단련하는 거예요. 교회 안에도 이런 야행성 장수풍뎅이를 길러내야 해요. "너는 바쁘고 삶의 문제도 많으니까 안 해도 돼"라며 오히려 우리가 그들의 성숙을 막아서고 있진 않은지요? 지체들에게 성장할 기회를 줘야 해요. 죽을 각오로 예루살렘과 사마리아와 땅 끝까지 말씀을 전했던 초대교회 사도들처럼, 말씀을 사모하여 며칠을 걸어가 사경회에 참석하였던 신앙의 선조들처럼 제자를 양육해야 합니다.

3. 몇 명이 모였을 때 양육을 시작해야 할까?

'단 한 명'이라도 팔로워가 있다면 키워내야 해요. 하나님의 나라는 한 사람의 법칙으로 세워져요. 모세 한 명을 깨우니 600만 백성을 탈출시키잖아요. 하나님은 시대마다 모세, 아브라함, 에스더와 같은 한 사람을 통해 일하셨어요.

저는 SNS에 다음세대 사역 이야기를 계속 올리고, 설교할 때도 나눠요. 나이든 사람도 이렇게 하는데 젊은 사역자들이 못하면 안 된다는 자극을 주기 위해서예요. '아! 목사님 정도는 아니더라도 내가 이 정도는 해야겠다!'는 생각을 품는 한 사람의 사역자라도 찾기 위해서죠. 감사하게도 실제로 그런 지체와 목회자들이 생겨나고 있어요.

오늘 아침에 한 친구가 말씀 묵상을 보내왔어요. 자기도 목사님처럼 묵상한 것을 올리겠다는 거예요. 혼자만 그렇게 하지 않고, 주위에 있는 친구들하고 같이 해보겠다고 했어요. 이처럼 한 명이 깨어나면 많은 사람이 함께 깨어나요. 그렇기 때문에 양육할 때 한 명이라도 제대로 양육을 해야 해요. '몇 명이 모이면 양육하겠다'는 생각을 버리고 한 명이라도 신청하면 바로 시작하세요.

제가 이 이야기를 여러 교역자들과 나누었는데요. 감사하게도 많은 목회자들이 말씀 묵상을 단체 카카오톡방에 올리게 되었다고 했어요. 주중에 만나지 못하는 지체들이 카카오톡 메시지를 통해서라도 은혜를 나누니 아주 좋다고 했습니다.

저는 다음세대들과도 목회자들과도 나눔의 시간을 가지려고 해요. 2019년 11월, SNS에 함께할 목회자가 있는지 묻는 글을 올리니 60여 명이 신청했어요. 이분들과 6개월 정도 하고, 또 다른 목회자 분들과 말씀을 묵상하는 훈련을 할 생각입니다.

지금도 몇 그룹과 모임을 하고 있어요. 6개월 동안 매일 말씀 묵상을 올리는 훈련을 시키고 있는데, 사람이 6개월 정도 꾸준히 하면 습관이 생기잖아요. 설교 말씀도 각자 정리해서 올려요. 특별히 피드백은 하지 않지만 올리기만 해도 '누군가 읽겠지'라는 생각으로 더 잘하게 돼요. 묵상도 혼자 하면 대충 하기 쉬워요. 그런데 매일 묵상한 것을 SNS에 하루도 빠지지 않고 올리면 그 습관이 나를 말씀으로 더 든든하게 세우고, 다른 지체들에게도 선한 영향을 줘서 함께 하도록 만듭니다.

이것이 양육이에요. 말씀을 서로 나누는 것, 좋은 찬양을 나누는 것, 기도를 같이 하고, 기도제목을 나누는 것. 매일 매일 하나님이 주시는 은혜를 나누는 것이 양육이에요. 일주일에 한 번, 6주 또는 10주 후 끝나는 프로그램이 아니라 지속적으로 서로를 잡아주고, 은혜를 나누는 것이 진정한 양육이에요.

교회 지체들과 양육을 할 때, 매일 카카오톡 창에 복음 전도, 말씀을 읽은 장수, 기도 시간을 올립니다. 서로 체크하는데 성경을 읽지 않거나 기도하지 않은 것에 대해서는 매일 벌금을 내도록 해요. 서로가 서로를 양육하고 점검하는 거죠. 누군가 양육하고 변화를 주려면 어느 정도 자극이 있어야 해요.

한 번은 이런 글을 올린 적이 있어요. '청년 사역을 하면서 쉬는 날 아무 일정도 잡지 않는 청년 사역자는 다음세대 사역을 내려놔라!' 사역자도 쉬어야지요. 가정을 돌봐야죠. 그런데 잘 살펴보면, 하루 종일 청년을 만나는 것은 아니잖아요. 아침에는 가족과 시간을 보내고, 오후 혹은 저녁 시간에 모임을 하면 되잖아요. 사실 청년들도 우리 가족 아닌가요? 공휴일에 혼자 집에 있는 외로운 지체가 있을 수 있잖아요. 누군가를 만나고 싶지만 말할 대상이 없는 사람도 있잖아요. 바로 그 청년이 양육 대상입니다.

요즘 청년 사역을 해보면 접촉점이 너무 없어요. 그러니 양육반을 개설하고 들어오라고 해도 들어오지 않아요. 최근 젊은 사역자들을 보면 자기 자신을 너무 많이 챙겨요. '교회가 왜 나를 직원 대하듯이 하지? 퇴근 시간이 넘어가면 안 되는데?' 이런 생각을 하게 만드는 교회도 문제지만 너무 소명 의식 없이 계산적인 사역자도 문제입니다.

자신만 챙길 거면 사역을 왜 합니까? 근무 시간을 지켜주는 세상에 가서 돈을 벌어야지요. 의사들은 잠을 설치면서도 일하잖아요. 사람을 살리는 일이니까요. 우리도 하나님의 영광을 위해, 복음을 위해 사역을 시작했으니 우리에게 맡겨진 영혼을 위해 손해를 보더라도 헌신해야죠.

다음세대가 방황하고 있어요. 교회에서도 제대로 돌보지 않으니까요. 왜 술을 마실까요? 친구가 부르기 때문이에요. 또 술을 마시면 근심 걱정이 사라지는 것 같으니까요. 다음세대에게 세상은 버겁기만 하거든요. 말씀의 맛보다 아직은 술맛이 더 좋고요. 그들에게 우리가 조금 더 신경을 쓰고 찾아가 만난다면, 그로 인해 더욱 즐겁게 공동체에서 예배드릴 수 있게 되면 어떻게 될까요? 그들이 제대로 양육 받고, 하나님의 말씀을 배우고, 자신처럼 방황하는 영혼들을 데려와서 양육하는 리더로 변화될 겁니다.

02
양육 핵심 질문

Q1. 왜 양육을 해야 교회 공동체가 부흥하고, 영적으로 건강해질까요?

부흥에는 두 가지 조건이 있어요.

첫째, 내적 회심을 한 자가 있어야 해요.

둘째, 이 회심자의 성장과 성숙을 통한 생명의 잉태가 있어야 해요.

회심과 성장, 성숙만 있고 어떤 생명도 잉태하지 못하면 영적 불임 상태입니다.

다음세대 디렉터로 2년간 섬기며 무엇보다 예배의 감격과 회복에 집중했어요. 그러고 나서 교육과 양육에 집중했어요. 그런 뒤 전도와 선교에 헌신했고요.

공동체의 목표를 숫자적 부흥에 초점을 맞추지 않았어요. 나무가 건강하면 분명히 열매를 맺을 것이라 생각했어요. 예배에 감격이 있으면 영혼이 살아날 테고 한 영혼을 제대로 돌보고 양육하면 자연적인 재생산이 일어날 것이라 확신했어요. 감사하게도 2년 6개월 만에 2배 정도 부흥해서 젊은이 부서가 1,200명이 넘었어요. 부흥이 안 된다고 하지만 예배로 영혼이 회복되고, 양육을 통해 재생산이 일어나자 분명한 결실이 나타났습니다. 여기서 중요한 것은 양육 받은 건강한 사람들이 태신자를 품고, 재생산을 해야 한다는 점이에요. 그렇지 않고 가만히 앉아 팔로워가 절로 생기기를 바라면 안 돼요.

Q2. 어떻게 팔로워가 계속 생기고, 양육을 받는 자리까지 오게 할까요?

첫째, 먼저 리더를 제대로 양육하고 돌봐야 해요.

다음세대 디렉터로 섬길 때 리더들과 섬김이들만 450여 명이었어요. 그 많은 지체들을 어떻게 성숙하게 훈련시켰을까요?

리더와 섬김이들이 잘 훈련되어 있으면 그 공동체는 건강하게 성장할 수밖에 없어요. 그래서 다양한 교육과 양육 과정을 만들어 그들을 훈련하는 데 많은 공을 들였습니다.

저는 매주 리더들이 자신의 영성을 점검할 수 있도록 체크 리스트를 만들어줬어요.

✝ 체크 리스트

팀: 이름:

	12/6	12/13	12/20	12/27	1/3	1/17	1/24	1/31	2/7	2/21	2/28	3/7	3/14
성경 읽기 (한주간 읽은 장)													
주중 예배 참석 (수요 혹 금요)													
새벽 예배 (참석 횟수)													
큐티 (한 주간 한 횟수)													
기도 (분/시간)													
헌금 (십일조)													
덜더운동 (음료/음식/미디어)													
기상 시간													
복음전도													
중독(O, X) (게임, 음란, 술, 담배)													
비고/ 건의 사항													

캠퍼스 선교단체 사역은 매우 어려워요. 매년 신입생들을 만나고 모집하는 데 전도하기가 쉽지 않고, 신천지 같은 이단도 많아요. 게다가 리더들은 점점 더 약해져 가요. 이렇게 어려운 상황 속에서 어떻게 하면 신입생 모집과 전도의 돌파구를 찾을 수 있을까요?

한국교회나 캠퍼스에서 많이 듣는 말은 "공부 열심히 해야 한다! 좋은 직장에 가야 한다! 결혼해야 한다!"입니다. 이런 말을 많이 듣다 보니 예전에는 신앙이 먼저고 그다음이 학교, 직장, 결혼이었는데 이제는 그렇지 않아요. 교회도 워낙 세속화되어서 축복의 경험이 없으면 교회를 떠나기도 해요. 편하게 주일만 교회에 다니려고 하는 사람들은 늘어나고, 양육을 받고 성숙해지려는 사람은 많지 않아요. 결과적으로 사람들이 신앙적으로 약해지다 보니 영향력 있는 사람도 사라지는 거죠. 예전에는 교회에서 어느 정도 양육을 해주면서 신앙의 기본기를 다져줬어요. 그런데 오늘날 양육을 제대로 받지 못한 사람들이 캠퍼스 선교단체의 리더가 되니까 선교의 역량이 발휘되지 않는 것이죠.

둘째, 새로운 영혼들을 전도하고, 양육을 통해 사람을 세워야 해요.

이단 중에 신천지만큼 길에서 많이 포교하고, 사람을 잘 구워삶는 이단도 없는 것 같아요. 사람들의 결핍된 부분을 잘 찾아내고 집중적으로 돌봅니다. 개인 정보를 수집하고, 여러 사람이 함께 접근하여 필요한 부분을 채워줘요. 그렇다면 우리 정통교회는 어떻게 한 영혼을 제대로 품고, 교회로 인도해야 할까요?

저는 젊은이들에게 작은 선물을 줍니다. 단순히 전도지만 주는 것이 아니라 작은 밴드라도, 작은 칫솔세트 하나라도, 면봉 하나라도, 볼펜 한 자루라도 손에 쥐어주면서 "하나님께서 당신을 사랑하십니다!"라고 말해요. 제가 크리스천이라는 것을 먼저 말해주고, 꼭 전도초청주일에 와보라고 권해요. 작은 선물이라도 받은 사람들은 미안해서라도 오거든요.

매 홀수 달(1, 3, 5, 7, 9, 11월) 마지막 주에 'For U' 태신자 전도축제를 했어요. 1월에 40여 명, 3월 50여 명, 5월 60명, 마지막 11월은 170명이 왔어요. 매해 평균 700여 명이 초청을 받아 120여 명이 새가족 반을 수료하고 정착했지요. 이처럼 교회 안에 있는 핵심 리더를 잘 양육하고, 지체들을 통해 선물을 나누며, 복음초청예배에 오도록 해서 전도합니다.

접촉점이 있어야 해요. 낚시를 하러 '가야' 물고기를 잡아요. 그런데 지금 한국교회는 낚시터에 가지를 않아요. 그러면서 고기가 없다고 말하는 셈이지요.

그렇다면 어떻게 물고기가 몰려들게 할까요? '떡밥'을 뿌려야 해요.

물고기가 몰려들면 복음을 전하고 진검 승부를 하는 거죠. 세상 사람들이 처음부터 복음을 알고, 헌신을 알고, 사랑을 알 수 있을까요? 아니에요! 우리가 던져주는 사랑을 먹다 보니 하나님의 존재를 간접적으로 경험하는 거예요. 교회 사람들이 다들 기뻐하고 행복한 모습을 보니 자기도 도전을 받는 거예요. "나도 이런 데 있으면 좋겠다!" 이런 기회를 만들어줘야 해요. 한 번 모임에 왔을 때 "여긴 달라! 느낌이 좋네!"라고 느낄 수 있어야 해요.

Q3. 양육할 때 가장 중요한 것이 무엇일까요?

첫째, 리더 양육에 모든 것을 걸어야 합니다.

공동체가 회복되고 성숙하려면 리더를 집중적으로 돌봐야 합니다. 우리는 잘 나오지 않는 사람들을 신경 쓰느라 정작 양육해야 할 리더들을 돌보지 않는 실수를 해요. 밥을 사더라도 리더에게 우선적으로 사줘야 해요. 차를 마셔도 리더들과 마셔야 해요. 리더들이 사랑을 받으면 어떻게 하겠어요? 새로운 사람, 자신들이 맡고 있는 지체들, 멤버들을 잘 챙길 거예요. 교회 하반기에 리더학교를 여는데, 한 지체가 질문을 했어요. "목사님, 리더학교는 아무나 들을 수 있는 건가요?" 저는 이렇게 대답했어요. "아니요, 리더만 들을 수 있어요!" 리더들이 양육과 축복을 받아야 해요. 은혜가 충만한 리더는 공동체의 지체들을 제대로 돌봅니다. 이런 말이 나와야 해요. "리더들만 들을 수 있어? 리더들은 좋겠다!" 리더는 뭔가를 더 채워야 하고, 소그룹 멤버들보다 더 많이 알고 있어야 해요.

예를 들면 리더들과 함께 비전트립을 가는 거예요. 리더들과 계속 일만 하고 행사에 대해서만 이야기해서는 안 돼요. 예전에 리더들과 홍콩 비전트립을 간 적이 있어요. 아침에 말씀을 나누고, 함께 식사하고 선교 유적지 순례했어요. 시내 투어도 하면서 좋은 차도 마시는 즐거운 시간을 보냈죠. 그때 함께 웃고 울었던 추억이 얼마나 아름다운지 몰라요. 그런 쉼과 교제가 있었기에 부흥도 경험했던 것 같아요.

리더들에게 집중해야 해요.

그들을 먼저 양육해야 그 리더들이 초신자들을 챙기고 지체들을 두루 살핍니다. 목회자는 리더를 양육하고 훈련할 때 세미나 같은 교육 과정에 참여할 수 있게 안내해 줘야 합니다. 저는 리더를 대상으로 제자훈련을 하면서 이렇게 말하곤 했어요.

리더들은 꼭 양육반을 들어야 합니다. 선택사항이 아니에요. 소그룹 지체들도 양육 받는데 리더들이 양육을 안 받으면 어떻게 되겠어요? 지체들이 제자훈련을 받는데 리더가 안 받으면 어떻게 되겠어요? 분명 자신에게 취약한 부분이 있을 테니 꼭 들으세요. 재정학교, 결혼예비학교 등 신청하세요.

이렇게 리더들이 뛰어들 수 있도록 교육과 훈련의 장을 마련해 주고, 거기에 뛰어들어야 한다는 것을 적극적으로 알려줘야 합니다. 이를 위해 리더들에게 먼저 동기를 부여해 주고 뛰어들 수 있도록 권면해야 그들의 역량 또한 자랍니다.

교회에서 일대일 평신도 양육 간사들을 모집하고, 매주 양육과 훈련을 했어요. 교리를 가르치고 말씀을 배우도록 했어요. 처음에는 12명이 한 그룹이었는데 나중에는 100여 명을 8개 그룹으로 나누어 매주 돌보면서 역량을 키워나갔죠. 이렇게 준비된 평신도 간사들은 새가족 12주 과정을 마친 120명의 가족들을 15주 동안 일대일로 케어하고 양육하도록 했어요. 믿음이 자라가는 초신자들이 원하는 시간과 장소를 정해서 15주간 '201 바나바 양육교재'를 가지고 양육하도록 했어요.

한 평신도 간사는 부산까지 내려가서 일을 하고 있는 대학생을 찾아가 양육했어요. 왜 여기서 일을 하고 있는지 물었더니 대학교에 가서 공부를 하고 싶은데 돈이 없어서 일을 하고 있다는 사실을 알게 되었어요. 간사는 학생에게 일단 학교에 입학해서 장학금을 받고 공부하라고 말해줬어요. 학생은 "그런 방법은 생각도 못했다"며 일을 그만 두고, 학교에 가서 열심히 공부했죠. 그때 부산까지 가서 섬겼던 간사는 그 과정에서 느꼈던 것을 이렇게 간증했어요.

평신도 양육 간사를 하면서

• • •

오랫동안 신앙생활을 하면서 여러 모양으로 섬겨왔습니다. 그리고 지금은 양육 간사로 섬기고 있습니다. 간사들의 모임 시간에 서로에게 맡겨진 사람들과 어떻게 소통하고 이끌어가는지 배울 수 있어서 참 좋습니다. 저는 모태신앙이다 보니 교회생활과 예수님을 믿는 것이 당연했는데, 양육자들을 만나면서 그들이 교회에 오게 된 계기가 참 다양하다는 걸 알았습니다. 그리고 주님이 이들을 부르셨음을 깨달았습니다.

우선 제가 먼저 말씀을 알아야 합니다. 지식이 아니라 내 삶에 녹여낸 말씀이 되게 하려고 훈련받다 보니 제가 먼저 은혜를 체험했습니다. 두루뭉술하게 알던 교리가 정리가 되고, 그것을 전하면서 큰 기쁨을 느꼈습니다. 말씀에 확신이 있어야 그것을 양육자의 상황에 맞추어 이야기할 수 있어요.

좋은 양육 간사가 되려면 지식적인 부분을 알아야 하고 이를 위해서는 시간을 내야 합니다. 그리고 품은 영혼을 위해 날마다 기도해야 합니다. 그 과정에서 저도 함께 자라는 것을 느꼈습니다. 눈빛을 반짝이며 경청하는 모습, 과제를 해오고 말씀을 읽으며 암송하는 그들을 보며 큰 감동을 받았습니다. 조금씩 말씀 중심, 예수 중심이 되어가고 변화되는 모습을 볼 때마다 얼마나 기쁜지 모릅니다. 그 기쁨이 너무 크기 때문에 아무리 삶이 바빠도 양육 간사로 섬기게 되는 것 같습니다.

지금은 8명의 양육자를 만나고 있습니다. 일대일 양육 대기자는 많은데 간사가 부족하다는 말을 듣고 좀 더 헌신하기 위해 스케줄을 조정하고 있습니다. 가끔은 온전히 한 명에게 집중하지 못해 미안할 때가 있어서 만날 때마다 최선을 다하고 있어요. 물론 약속된 시간 외에도 연락하고 교제합니다. 양육자들과 서로 안부를 물으며 지내는데 "간사님 저 힘든 일이 있어요" 하고 연락이 올 때는 걱정도 되지만 기쁘기도 합니다. "잘 하고 싶은데 그게 잘 안 돼요, 환경이 너무 힘들어요, 기쁜 일이 있는데 간사님 생각이 났어요"라며 자신의 삶을 나누는 양육자들을 보면서 큰 보람을 느낍니다. 함께 웃고 함께 울 수 있다는 것은 참 감사한 일인 것 같습니다. 제가 양육 간사로 섬기지 않았다면 느껴보지 못한 일이 되었겠죠. 아직 부모가 되어보지는 않았지만 주님 안에서 자라나는 영혼들을 보면서 저를 더 돌아보게 됩니다. 주님도 저를 이렇게 보고 계시겠죠? 시간이 지나 이들이 또 누군가를 양육하는 자로 성장하면 좋겠습니다.

저도 분명 누군가의 기도와 사랑과 헌신으로 자랐고, 지금도 자라가고 있습니다. 저의 작은 섬김으로 주님께 받은 사랑을 조금이나마 표현하고 싶습니다. 오늘도 내게 맡기신 영혼을 위해 기도하고 주님의 눈으로 바라보며 사랑할 수 있기를 소망합니다.

평신도 양육 간사로 섬기는 일은 쉽지 않아요. 자기 시간뿐만 아니라 재정도 사용해야 하지요. 한 평신도 양육 간사는 이렇게 고백했어요.

한 영혼이 하나님의 말씀에 반응하며 변화되는 과정을 지켜보는 일은 참 보람 있습니다. 예수님이 누구인지도 모르고, 어떻게 믿어야 하는지도 몰랐던 이들이 마음 문을 열고, 귀를 기울이고, 입술로 '예수님은 주님'이라 고백하는 그 순간이 너무나 귀합니다. 무엇보다 나를 살리시고 변화시키신 주님께서, 이제 나를 사용하고 계시다는 것 자체에 감사합니다. 그리고 양육생과 함께 성장해가는 과정에 있음에 감사합니다.

섬기는 것이 부담이 아니라 자기 자신도 함께 성장하고, 성숙해 나가는 과정임에 감사해 하고 있었어요.

둘째, 공동체 속에 '양육의 틀'이 선명하고, 명확해야 합니다.
예배, 교육과 훈련, 선교에 헌신하는 공동체의 특징은 '회복'이 있다는 거예요. 한 사람이 회복되면 그 한 사람이 많은 영혼을 섬기고 회복시킵니다. 그런 생명력이 있는 공동체는 아름답고 영향력이 있으며 더 강해지죠. 그리고 부흥의 주춧돌이 됩니다.
'포스터모던 시대', '다원주의 시대', '권위해체의 시대' 속에서 사람들은 나름대로 다음세대 부흥의 대안을 찾고자 심혈을 기울이고 있어요. 문화적인 접근도 좋고 필요하지만 궁극적인 대안은 '말씀, 기도, 찬양을 통한 예배의 회복'입니다. 부흥은 프로그램으로 이루어지지 않아요. 만약 프로그램으로 부흥이 되었더라도 그다음에는 반드시 양육이 필요합니다. 아이를 낳은 후에는 육아를 해야 하듯 말이죠. 진정한 부흥은 영혼이 회개하고 회심한 후 올바르게 양육될 때 이루어져요. 각 교회에서 실시하고 있는 흥미 위주의 프로그램도 필요해요. 그러나 공동체를 세우는 철학과 방향, 목표가 확실해야 합니다. 단기적·일회성 프로그램이 아니라 3년 이상의 시간이 소요되는 양육 과정이 있어야 해요.

먼저 새가족을 위한 '12주 새가족반 과정'이 필요합니다. 12주 과정을 마친 후에는 8~15주 과정의 '일대일 바나바 케어'에 들어갑니다. 그다음에는 양육 기초, 양육 고급반으로 진행됩니다. 양육 기초에서 양육 고급반으로 가려면 성경의 맥, '신구약 파노라마'를 하도록 커리큘럼을 짜고, 양육 고급반에서 제자반으로 가기 전에는 '기도학교, 신구약 성경대학' 과정을 거치는 것이 좋습니다. 제자반에서 사역반으로 가려면 '리더학교와 교리대학' 과정을 이수하도록 합니다.

이처럼 각 공동체마다 명확한 양육과 훈련의 로드맵이 필요해요. 비전트립을 나가려면 양육 기초를, 단기선교를 나가려면 1년 이상 양육 고급 과정을 수료하도록 권면하는 것이 좋습니다.

Q4. 다음세대 양육의 이점은 무엇일까요?

    교회 안에도 어느덧 세속주의에 기반을 둔 성공지향적인 가치관이 자리를 잡아가고 있어요. 어떤 분은 세속적인 욕망을 가장한 비전을 가질 바에는 비전 자체를 갖지 말라고 하기도 합니다. 그러나 교회는 세속적 비전을 너머 그 이상을 볼 수 있게 해줘야 하지 않을까요? 자신의 영광과 성공을 위한 꿈이 아니라 하나님의 뜻을 이루는 비전을 품도록 돕고, 가이드를 해줘야 돼요. 지속적인 양육으로 자신의 인생이 어디로 가야 하는지 알려주고, 그 비전에 삶을 집중할 수 있도록 해야 합니다. 각자에게 주신 하나님의 뜻을 알고 그 길을 걸어갈 때, 온전한 하나님의 사람이 될 수 있습니다.

    2019년 7월, 교회성장연구소에서 이상갑 목사님, 조성돈 교수님과 함께 인터뷰를 했습니다. 다음세대를 양육할 틀이 왜 필요한지 공감하는 시간이 되었어요. 당시 인터뷰 내용을 나누고자 합니다.

인터뷰   월간 교회성장

Q. 오늘날 젊은이들이 겪는 가장 큰 어려움은 무엇인가요?

요즘 젊은이들을 대표하는 두 가지 키워드는 '우울'과 '중독'이에요. 세계보건기구에서는 2020년의 사망 원인 1위가 우울증일 것으로 예측했어요. 이미 젊은 세대의 사망 원인은 우울증이 가장 높아요. 그리고 우리나라의 중독 인구 910만 명 중에 기성세대보다 청년 세대가 더 많은 비중을 차지해요. 인터넷 중독 230만 명, 도박과 알코올 중독이 210만 명, 성 중독자가 200만 명, 마약 중독자가 53만 명으로 나타났습니다. 우울함을 이겨내기 위해 각종 중독에 찌들어가는 것이죠. 이것이 오늘날 우리의 현실이에요.

모든 세대가 '쳇바퀴 속의 불안'을 겪고 있습니다. 사회가 정해놓은 궤도를 따라가고 있는데 이 궤도 자체가 안정적이지 않아요. 많은 사회 요소가 사람들에게 불안감을 주고 있어요. 이런 가운데 불안감과 초조함이 급습하고, 사람들은 마음 둘 곳이 없어요. 젊은이들의 현실을 보면 '고시원 세대'와 '미전도 종족'이라는 두 가지 키워드로 말할수 있어요. 부모세대보다 더 가난해진 세대가 오늘날의 젊은 세대입니다. 복음화율이 너무 낮아졌어요. 미전도 종족으로 생각해야 해요.

'지옥고'(지하, 옥탑방, 고시원 쪽방)가 젊은이들의 현실이에요. 어느 시대나 젊은이들은 관계 문제, 직장 문제 등으로 고민해왔어요. 과거에는 가정형편이 어려워도 개인의 노력으로 많은 것을 성취할 수 있었어요. 다 같이 힘들었기에 대안과 출구가 있었어요. 그러나 이제는 아니에요. 현재 청년들은 빈부격차와 함께 상대적 빈곤을 경험하고 있어요. 얼마 전에 청년들의 고민에 대한 기사를 봤어요. 진로와 취업이 고민이라고 답한 비율이 60%가 넘었어요. 경제적인 문제는 20%, 이성교제는 6.6%에 불과했어요. 안정적인 직장과 돈이 없어서 연애와 결혼을 포기하는 것이 현실이에요. 덧붙이자면, 부모와의 관계에서 오는 문제도 많아요. 무한경쟁 속에서 지친 자녀는 부모의 기대치를 달성하지 못해요. 부모는 '내가 이만큼이나 너에게 투자했는데 이게 뭐니?'라고 타박해요. 부모가 설정해놓은 목적지까지 따라간다 한들 자신의 의지로 도달한 곳이 아니기에 만족을 느끼지 못하죠. 그러는 사이에 우울증과 중독에 걸리는 경우가 많아요.

Q. 원인은 무엇일까요?

요즘 우리나라 다음세대들은 너무 일찍 희망을 잃고 포기해요. '초4병'이라고 들어본 적 있나요? 11살 때부터 진로를 고민하기 시작해서 중2쯤 되면 대부분 결정해요. 어떤 대학을 갈 수 있는지, 부모의 도움은 얼마나 받을 수 있는지, 내 꿈이 이루어질 수 있는지 없는지 판단하는 거죠. 그때 자포자기의 심정을 외부로 표출하면 폭력이 되고, 안으로 표출하면 자해와 자살로 나타나요. 어릴 때부터 희망을 잃은 아이들. 그래서 수많은 청년이 안정적으로 살기 위해, 공무원이 되기 위해 몇 년씩 투자해요. 그러나 생각같이 잘 되지 않아요. 그러다 보니 중독과 우울증이 함께 찾아오는 거죠.

Q. 이 문제를 해결하기 위해 교회는 어떻게 뛰어야 할까요?

사실 고린도교회는 오늘날 교회보다 더 음란했어요. 그런데 사도 바울이 복음을 던졌더니 사람이, 공동체가, 나라가 변했어요. 복음의 가치가 우리를 바알의 신, 맘몬과 쾌락의 신 아세라로부터 해방시킬 수 있어요. 철저하게 복음을 대안으로 삼아 복음을 전하고, 양육을 통해 지속적으로 시대적 유혹과 시험을 넘어서도록 해야 해요. 정신과의원이 유지되기 위해서는 의사 한 사람이 하루에 환자 40명 정도는 진료해야 해요. 한 사람당 할당된 시간이 10분밖에 안 돼요. 단 10분 진료로 정신적인 질병을 치료하는 것은 불가능해요. 그런 케어로 사람이 건강하게 되기 쉽지 않아요. 그러나 교회는 리더와 목회자가 공동체에 꾸준히 관심을 가지고 케어할 수 있어요. 새벽기도, 저녁기도, 소그룹 모임 등이 교회에서 실행할 수 있는 회복 프로그램이에요. 우울증을 회복하기 위한 방법 세 가지는 '햇볕 쬐기, 약 먹기, 건강한 사람과 대화하기'예요. 중독도 똑같아요. '건강한 영향 받기, 약 먹기, 건강한 공동체'가 필요해요.

실제로 소그룹 양육을 통해 중독자를 치유하는 확률이 일반 정신병원에서 약물을 통해 회복되는 확률보다 높아요. 일반적으로 정신병원에서 회복률이 3% 이상 정도이지만, 양육을 하는 회복 공동체에서는 5년 이상 지속할 경우 47% 이상으로 나왔어요. 미국 베텔 중독 회복 공동체는 80~90% 회복률을 보이고 있고요. 캐나다 벤쿠버에 와그너 힐 치유 중복 회복 센터에서는 대부분 80~90%가 회복된 후 스태프로 섬기고 있어요. 말씀, 예배 그리고 체계적 양육이 있을 때 중독자도 회복을 넘어 섬김의 자리까지 서게 됩니다.

03
빠르고, 민감하고,
변화무쌍하라!

선명하고 명확할 것

건강한 공동체로 서려면, 양육의 틀과 장이 선명하고 명확해야 합니다. 그리고 양육 프로그램을 잘 구성하려면 먼저 기획을 잘 해야 해요. 매년 반복하기보다는 조금씩 업그레이드 하고, 다양하게 변형할 필요도 있어요. 특별히 청년들을 양육할 때는 같은 내용을 반복하면 안 됩니다. 2년, 3년 주기로 돌아와야 청년들이 관심을 가지고 뛰어들어요. 예를 들어서 결혼 학교를 공부했다고 가정해 봅시다. 이번 기수를 끝내고 다음에 또 같은 클래스를 열면 이미 들었던 내용이니 등록하지 않겠죠? 그러니 이번에는 '재정학교'를 여는 거예요. 그러면 듣지 않았던 커리큘럼이니 등록하겠죠. 이때 "이 재정학교는 한 번 들으면 3년 뒤에야 들을 수 있는 거야"라며 희소성을 알려줘야 해요. 내적치유학교를 열었을 때 처음에 300명이 들어왔어요. 다음 기수에 다시 여니까 50명도 들어오지 않았어요. 기대감이 없는 거죠. 유럽을 다녀왔으면 다음에는 북미, 다음에는 아프리카를 가듯이 변화를 줘야 합니다.

젊은이들을 상대하는 사역자들은 변화에 민감해야 해요. 설교도 시대에 뒤쳐져서는 안 됩니다. 변화무쌍해야 해요.

교회든 캠퍼스든 똑같이 반복되는 양육은 지양해야 합니다. 단계별로 기초, 고급, 제자훈련, 사역훈련, 그 사이에 전도폭발, 이런 식으로 다양한 기회의 장을 마련해야 해요. 양육의 레벨이 높아질수록 아직 모르는 것이 많다는 것을 느낄 수 있도록 하는 것이 좋습니다.

사람마다 좋아하는 교육과 양육 과정이 달라요. 어떤 사람은 재정 학교를 좋아하고, 어떤 사람은 내적치유를 좋아하고, 어떤 사람은 결혼예비학교를 좋아하고, 어떤 사람은 예비부모학교를 좋아하는 것처럼 말이에요. 그래서 리더는 '지금 우리 공동체에 필요한 것'이 무엇인지 늘 고민해야 합니다. 지체들의 욕구가 어디로 향하고 있는지를 민감하게 파악하고 그에 맞는 양육 과정을 개설해야 해요. 친밀한 교제나 상담을 통해 '아, 이번에는 말씀을 더 묵상하도록 PBS(Personal Bible Study)를 해야겠구나!' 생각하고, 해당 과정을 오픈하는 거예요. 그뿐만 아니라 큐티학교, 묵상세미나, 귀납법적 성경연구에 대해 다양한 각도에서 배울 수 있도록 전문가를 모시는 것도 좋은 방법입니다.

선교, 체계적인 기획과 양육이 필요하다

보통 비전트립이나 단기선교를 갈 때 3, 4개월 정도 훈련해요. 예를 들어 필리핀에 간다고 하면 매주 모여서 30분 동안은 말씀을 읽고, 기도하고, 찬양해요. 그러고 나서 섬길 사역을 준비합니다. 이런 것들이 모두 하나의 양육 프로그램이거든요. 긴 시간 동안 사전에 준비하고 현장에 가서 사역하고, 또한 사후 모임을 하면서 공동체는 매우 친밀해지고 가까워집니다. 그래서 단기선교를 할 때 만든 단체 카카오톡방은 여전히 남아있어요. 때때로 해당 지역의 선교사님이 기도제목을 올려주면 다시 그때처럼 교제하고 옛날의 은혜를 되새깁니다.

모든 선교나 모임에는 체계적인 양육이 수반되어야 합니다. 특히 선교는 무엇보다 예배와 양육적 요소가 함께 있어야 해요. 현장에서도 양육이 있어야 해요. 양육으로 준비된 사람은 선교지에 가서 사람들에게 감동을 주고, 선교사님들께도 위로와 도전을 줍니다.

한 선교사님이 제가 나누는 사역 자료를 받고 싶다고 신청하셨어요. 신청하신 이유는 제가 양육한 지체들이 아프리카 선교를 갔는데 모두 사역자 못지않은 성숙한 모습으로 섬겼다는 거예요. 그래서 어떻게 양육했는지 궁금했다고 말씀하셨어요.

많은 교회에서 선교를 가지만 선교지에 영향력을 끼치지 못하는 경우도 있어요. 선교에 대해 준비된 것도 없고, 왜 가는지도 모르고, 뭘 해야 할지도 모르면 그런 결과가 나오죠. 신앙의 끝은 선교인데, 훈련이 어느 정도 된 사람이 선교를 가지 않고, 그저 경험을 위해 훈련되지 않은 사람들이 가는 경우가 종종 있어요. 선교에 지원하려면 '이 정도의 양육을 받은 사람만 간다!'는 분명한 틀을 마련해야 합니다. 그렇지 않으면 반드시 어려움이 생겨요. 많이 가는 것이 중요한 게 아니라 체계적으로 양육되고 준비된 사람이 가는 것이 중요해요.

결론: 양육을 잘 하려면

첫째, 양육을 제대로 하려면 리더는 끊임없이 자기훈련과 자기개발에 힘써야 합니다. 리더의 역량만큼 지체들을 잘 양육할 수 있어요. 이를 위해서는 규칙적으로 자기 자신을 계발하려는 강한 의지가 필요합니다.

둘째, 공동체는 예배, 양육, 선교가 선순환 되어야 합니다.

셋째, 예배 시간에 선포되는 메시지를 통해 멤버들에게 양육과 훈련에 대한 동기를 부여해야 합니다.

넷째, 양육과 훈련으로 세운 리더가 새로운 지체를 돌보는 순환 시스템이 필요합니다.

다섯째, 제대로 된 양육을 받을 수 있는 틀을 만들어야 합니다. 시간이나 여건이 힘들다고 불평하기보다는 한 사람이라도 붙잡고 양육할 수 있는 '안정감 있는 틀'을 만드는 것이 중요해요.

이 '틀'을 바탕으로 목회자들이 공동체의 핵심 리더 양육에 집중한다면 이 시대에도 한국교회는 반드시 성장할 수 있습니다!

갓난 아기들 같이 순전하고 신령한 젖을 사모하라 이는 그로 말미암아
너희로 구원에 이르도록 자라게 하려 함이라

벧전 2:2